다문화가정과 함께하는 

즐거운 한국어

국립국어원 기획 이선웅 외 집필

Hawoo Publishing Inc.

발간사

우리는 이제 '다문화'라는 말이 더 이상 낯설지 않은 시대에 살고 있습니다. 2018년 12월호 출입국외국인정책 통계월보에 따르면 체류외국인은 2,367,607명인데 이는 2010년보다 2배 가까이 증가한 것입니다. 그런데 주목할 점은 다문화가정의 형태가 여성결혼이민자를 주요 가족 구성원으로 하는 획일적인 모습이 아니라 남성결혼이민자 가정이나 외국인 1인 가정 등으로 다양화되었다는 것입니다. 이에 다문화가정 대상 한국어 교재도 학습 대상자를 여성결혼이민자에 국한하지 않고 다문화가정의 남녀 성인 구성원으로 확대할 필요가 생겼습니다.

이에 국립국어원에서는 2017년 다문화가정 성인을 대상으로 한 한국어 교육 내용을 개발하였고, 2018년 시범 적용을 거쳐 초급 교재 4권, 중급 교재 4권을 출판하게 되었습니다. 교사용 지도서는 별도로 출판하지 않았지만 국립국어원 한국어교수학습샘터에 탑재해 현장 교사들이 무료로 이용할 수 있게 하였습니다.

이번 교재 개발에는 현장 경험이 많은 연구진이 집필자와 검토자로 참여하여 한국어 교육의 전문적 내용을 쉽고 친근하게 구성하였습니다. 특히 현장 시범 적용을 통해 교사와 학생의 의견을 폭넓게 수렴하기 위해 노력하였습니다. 또한 성적, 문화적 차별 요소가 없도록 내용을 구성하였고, 다문화가정 구성원이 이 사회에서 진취적으로 살아가는 모습을 담고자 하였습니다.

아무쪼록 '다문화가정과 함께하는 한국어'가 다문화가정 구성원이 한국어를 '즐겁고, 정확하게' 익힐 수 있는 길잡이가 되기를 바랍니다. 그래서 다문화가정 구성원이 한국 사회에 통합되어 안정적인 생활을 영위하는 데 도움이 될 수 있기를 바랍니다.

끝으로 새로운 교재의 개발을 위해 최선의 노력을 기울여 주신 교재 개발진과 출판사 관계자 분들에게 깊은 감사의 말씀을 드립니다.

2019년 1월

국립국어원장 소강춘

머리말

교통과 통신의 비약적인 발전에 따라 세계 여러 나라들의 교류가 크게 증가하고 있고, 그와 함께 한국에 정착해 사는 외국인들 역시 크게 늘어나고 있습니다. 한국에 이주해 한국인 배우자와 함께 사는 사람들, 직업 활동을 하면서 한국에 정착해 사는 외국인 부부들이 오랜 기간 동안 한국에 살면서 자녀를 낳아 기르고 있어 한국 사회도 점차 다문화 사회로 이행하고 있는 모습이 뚜렷이 나타나고 있습니다. 이는 한국의 국제적 위상이 점점 높아지고 있음을 간접적으로 보여 주는 바람직한 사회 현상이라고 생각합니다.

이 책은 이와 같은 시대적 흐름에 발맞추어 국립국어원에서 발주한 사업인 2017년 다문화가정 교재 개발 사업의 결과물로서 다문화가정 구성원들이 한국 문화를 이해하는 바탕 위에서 구어와 문어 영역에서 고른 수준의 한국어를 구사할 수 있도록 구성되었습니다. 또한 날이 갈수록 다문화가정 구성원들의 사회 활동이 늘고 있고 성 평등 의식도 높아져 가고 있으므로, 학습자들이 한국 사회의 일원으로서 확고한 정체성을 지니고 가족생활, 이웃과의 교류, 직업 활동을 포함한 여러 사회생활에서 필요한 한국어를 자연스럽게 구사할 수 있도록 하였습니다. 학습자들이 한국 사회에 대한 적응이라는 수동적 태도에서 나아가 한국 사회를 함께 이끌어 간다는 능동적 태도를 지니고 살아갈 수 있도록 내용을 구성하였습니다.

이 책은 본래 2008년에 국립국어원에서 발주하여 2010년에 출판된 "결혼 이민자와 함께하는 한국어"의 개정판으로 기획되었으나, 그동안 한국어 교육계에서 발전되어 온 교육 방법론을 최대한 반영하고자 그때의 교재와는 구성 체제를 사뭇 달리하였습니다. 가장 큰 차이점은 성격이 다른 두 권으로 주 교재를 나눈 것입니다. "다문화가정을 위한 즐거운 한국어"는 구어 위주의 과제 활동이 더 많도록 구성하였고 "다문화가정을 위한 정확한 한국어"는 문어 위주의 형태 연습이 더 많도록 구성하였습니다. 곧 "정확한 한국어"는 부교재로 취급받던 기존 워크북의 내용을 더욱 풍부하게 하여 "즐거운 한국어"에 버금가는 주 교재로 집필된 것입니다. 두 책을 유기적으로 연결하여 교수 · 학습한다면 유창성과 정확성을 고루 갖출 수 있을 것이라고 생각합니다.

아무쪼록 모든 다문화가정 구성원들이 이 책으로 한국어와 한국 문화를 열심히 공부하여 한국 사회의 성공적인 일원이 될 수 있기를 기원합니다.

2019년 1월

저자를 대표하여 이선웅 적음.

일러두기

제목 및 삽화

각 과의 **제목** 에서는 해당 과의 내용을 압축하였고 삽화를 통하여 학습할 과제 상황을 추측할 수 있도록 하였다. **따라 하세요** 에서는 억양과 발음에 주의를 기울여야 할 표현을 모아 연습할 수 있도록 하였다. 또한 삽화 상황 안에서 접할 수 있는 다양한 생활용품 어휘를 '그림 사전' 형식(참고 어휘)으로 제시하여 학습자들이 생활에서 접하는 어휘를 자연스럽게 접할 수 있도록 하였다.

준비

준비 부분에서는 각 과의 과제를 수행하기 위하여 필요한 문법을 이해하고 연습할 수 있도록 하였다. 또한 교재 주인공들이 등장하는 삽화를 통하여 학습할 문법의 의미와 문법을 사용하는 상황을 쉽게 이해할 수 있도록 하였다. 삽화 옆 부분에서는 문법의 형태 활용표와 예문을 함께 제시하였다. **활용** 에서는 학습한 문법을 실제 상황에서 사용해 보는 연습을 할 수 있도록 하였다.

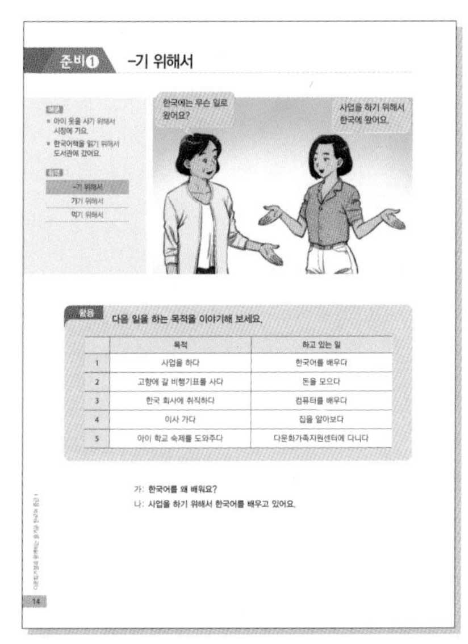

준비 1 -기 위해서

-기 위해서
가기 위해서
먹기 위해서

활용 다음 일을 하는 목적을 이야기해 보세요.

	목적	하고 있는 일
1	사업을 하다	한국어를 배우다
2	고향에 갈 비행기표를 사다	돈을 모으다
3	한국 회사에 취직하다	컴퓨터를 배우다
4	이사 가다	집을 알아보다
5	아이 학교 숙제를 도와주다	다문화가족지원센터에 다니다

가: 한국어를 왜 배워요?
나: 사업을 하기 위해서 한국어를 배우고 있어요.

14

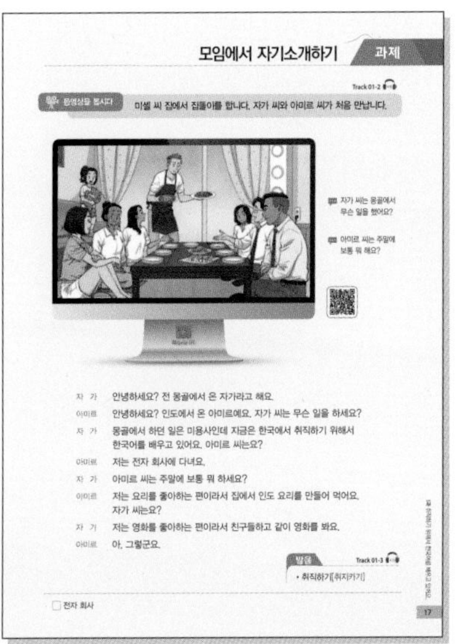

모임에서 자기소개하기 과제

자가 안녕하세요? 전 몽골에서 온 자가라고 해요.
아미르 안녕하세요? 인도에서 온 아미르예요. 자가 씨는 무슨 일을 하세요?
자가 몽골에서 하던 일은 미용사인데 지금은 한국에서 취직하기 위해서 한국어를 배우고 있어요. 아미르 씨는요?
아미르 저는 전자 회사에 다녀요.
자가 아미르 씨는 주말에 보통 뭐 하세요?
아미르 저는 요리를 좋아하는 편이라서 집에서 인도 요리를 만들어 먹어요. 자가 씨는요?
자가 저는 영화를 좋아하는 편이라서 친구들하고 같이 영화를 봐요.
아미르 아, 그렇군요.

발음 Track 01-3
• 취직하기[취지카기]

전자 회사

17

과제

과제 부분에서는 학습한 어휘와 문법을 사용하여 주어진 상황의 과제를 수행해 볼 수 있다. 먼저 **동영상을 봅시다** 를 통하여 동영상을 보면서 주어진 과제를 이해하고 본문에서 확인해 볼 수 있도록 하였다. 또한 **발음** 에서는 어려운 발음을 연습해 볼 수 있도록 했으며, **어휘** 에서는 과제를 수행하는 데 필요한 어휘를 제시하였다.

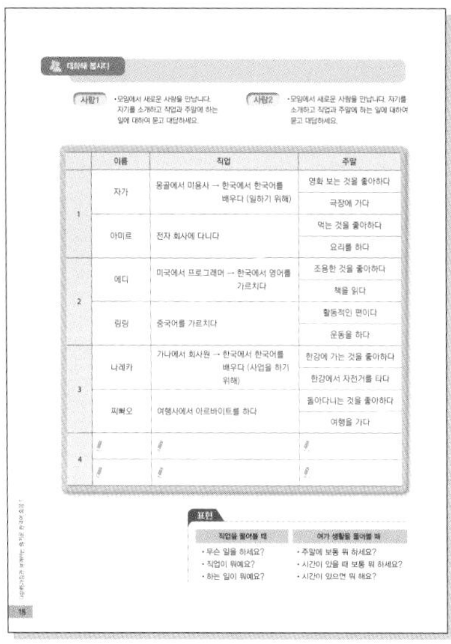

대화해 봅시다 에서는 학습한 과제를 다양한 상황에 적용해 연습해 보고 자신의 이야기나 생각으로 바꾸어 말해 볼 수 있도록 하였다. 표현 에서는 과제 수행 시 필요한 다양한 표현을 제시하였으며 학습자의 수준이나 상황에 따라 선택적으로 사용해 볼 수 있도록 하였다. 또한 학습한 과제를 들어 봅시다 / 읽어 봅시다 / 써 봅시다 / 말해 봅시다 를 통하여 말하기, 듣기, 읽기, 쓰기 등 다른 기능으로 확장해 볼 수 있도록 하였다.

도전

도전 부분에서는 각 과의 과제와 관련된 다양한 활동들을 제시함으로써 학습자들의 수준이나 시간에 따라 선택적으로 심화 과제를 수행해 볼 수 있도록 하였다.

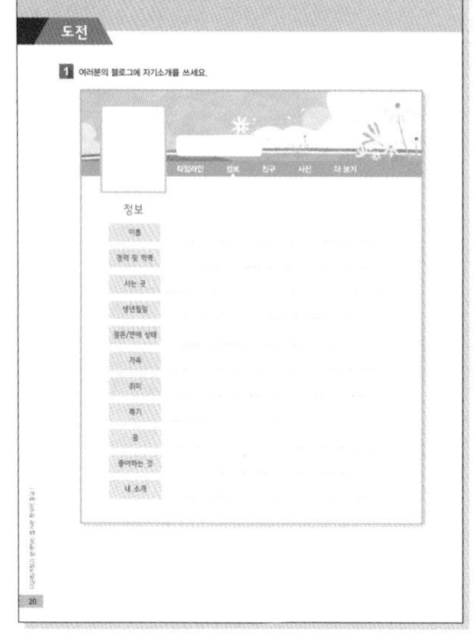

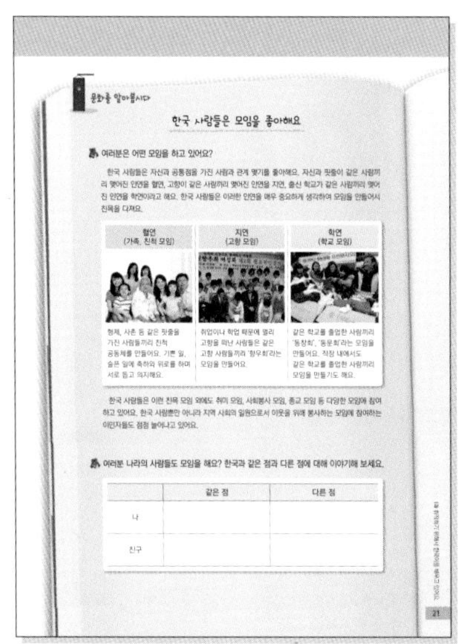

문화

문화를 알아봅시다 부분에서는 각 과의 주제와 관련 있는 문화 내용을 이해하고 이야기해 볼 수 있도록 하였다.

교재 구성표

과	주제	기능	문법		어휘	문화
1	소개	모임에서 자기소개하기	-기 위해서 -(으)ㄴ/는 편이다 -던		외모	한국 사람들은 모임을 좋아해요.
2	회상	직접 경험한 일을 회상하여 말하기	-(으)니까 -더라고요 -던데요	-더라 -던데	성격	이렇게 어려움을 극복했어요.
3	소문	소식 듣고 전달하기	-(ㄴ/는)다고 하다, -냐고 하다 -자고 하다, -(으)라고 하다 -아/어 놓다	-아/어 두다	행사, 소식 및 정보	청첩장은 만들었어요?
4	결혼식 초대	결혼 소식 알리기	-기로 하다 -다(가) 보면 -더라도		결혼	어떤 결혼식을 할 거예요?
5	임신	임신과 출산에 대한 조언 구하기	-자마자 -거든요 -아/어야겠어요		임신과 출산 용품	우리 가족은 '행복이' 만날 날을 기다려요.
6	소망	원하는 집 말하기	-았/었으면 좋겠다 -(으)ㄹ 텐데 -고요		국경일과 기념일 명절과 전통놀이	한국에서 이렇게 살고 싶어요.
7	집 구하기	부동산 중개소에서 집 구하기	-아/어 가지고 -(으)ㄴ/는 만큼 -(으)ㄴ/는 데다가		주거 형태 및 집의 조건	부모님과 다 같이 살아요?
8	집수리	집수리 요청하기	피동 -아/어지다 2 -아/어 있다		집의 구조 및 고장과 수리	포장 이사를 하려고 해요.
	보충·복습		-거든(요), (이)든가, -고 해서, -더군(요) (이)라고, -(느)ㄴ다면, -(으)니			

과	주제	기능	문법		어휘	문화
9	사과	사정을 말하고 사과하기	-느라고 치고 -(으)ㄴ/는 대신에		양해 및 사과 표현	아이가 뛰어서 죄송합니다.
10	고민	생활에 대한 조언 구하기	씩 마다 -(으)ㄹ까 봐		돈과 비용	절대로 통장을 빌려주면 안 돼요.
11	생활비	생활비 절약에 대한 정보 구하기	-았/었더니 -는 게 좋다 -는 바람에		생활비와 가계부	공과금 납부는 어디에서 해요?
12	전자 제품	제품 기능에 대한 정보 구하기	-(으)ㄹ 만하다 -(으)ㄴ가요?/-나요? -(으)ㄹ 뿐만 아니라		가전제품	사용 설명서를 꼭 읽으세요.
13	육아	외출했을 때 해야 할 일 말하기	요 사동 -(으)ㄹ 수도 있다		육아	인터넷으로 음식 배달도 시켜요?
14	수리와 수선	휴대 전화 수리 의뢰하기	-(으)면 -(으)ㄹ수록 -(으)ㄹ 수밖에 없다 -는 데		수리 및 수선	품질 보증서는 꼭 보관해 두세요.
15	불만	불만 표현하기	-(으)십시오 은/는커녕, -기는커녕 -아/어야지요		불편 신고 기관	어디에 신고를 해요?
16	향수병	향수병에 대해 조언해 주기	-(으)ㄴ/는지 -(으)ㄴ가 보다, -나 보다 -곤 하다	어찌나 -(으)ㄴ/는지	향수병과 고향 생활	봉사 동호회에 가입해 보세요.
	보충·복습		(이)면, -다가, -았/었더니 -고서, -(으)므로, -(이)든지-(이)든지,			

등장인물

한국어 선생님
이지영(45세)
한국
나레카(25세)
가나
에디(30세)
캐나다
자가(25세)
몽골
아미르 칸(29세)
인도(석훈의 회사 후배)

김석훈(31세)
한국
나트 차타나(24세)
태국
김태한
엔젤(35세)
필리핀
미셸(40세)
프랑스
박유미(38세)
한국(나트의 이웃)
사만나(8세)
초등학생

목차

동영상을 봅시다
세탁
세제
2
1
화장지
3
비누
비누
비누
비누
키친타올
주
피

1

취직하기 위해서 한국어를 배우고 있어요.

여러분은 한국에서 모임에 간 적이 있어요?

무슨 모임이었어요?

모임에서 새로운 친구를 만난 적이 있어요? 누구를 만났어요?

따라 하세요

Track 01-1 

- 전 몽골에서 온 자가라고 해요.
- 무슨 일을 하세요?
- 집에서 인도 요리를 만들어 먹어요.

❶ 화장지 ❷ 세제 ❸ 비누 ❹ 방석
❺ 에어컨 ❻ 콘센트

준비 ① –기 위해서

예문

- 아이 옷을 사기 위해서 시장에 가요.
- 한국어책을 읽기 위해서 도서관에 갔어요.

형태

–기 위해서
가기 위해서
먹기 위해서

한국에는 무슨 일로 왔어요?
사업을 하기 위해서 한국에 왔어요.

활용 다음 일을 하는 목적을 이야기해 보세요.

	목적	하고 있는 일
1	사업을 하다	한국어를 배우다
2	고향에 갈 비행기표를 사다	돈을 모으다
3	한국 회사에 취직하다	컴퓨터를 배우다
4	이사 가다	집을 알아보다
5	아이 학교 숙제를 도와주다	다문화가족지원센터에 다니다

가: **한국어를 왜 배워요?**
나: **사업을 하기 위해서 한국어를 배우고 있어요.**

-(으)ㄴ/는 편이다

예문

- 저는 키가 큰 편이에요.
- 저는 밥을 많이 먹는 편이에요.

형태

-ㄴ 편이다	-은 편이다	-는 편이다
큰 편이다	작은 편이다	하는 편이다
싼 편이다	좋은 편이다	읽는 편이다

활용

다음은 미라 씨의 가족입니다. 미라 씨의 가족이 어떻게 생겼는지 말해 보세요.

가: 미라 씨 아버지는 마른 편이세요.

준비❸ -던

예문

- 30년 전에 유행하던 옷은 짧은 치마였어요.
- 제가 살던 곳은 시골이었어요.

형태

-던
가던 곳
먹던 음식

이 주스 마셔도 돼요?
아, 그거 사만나가 마시던 거예요. 다른 거 드세요.

활용 고향에 있을 때 어떤 생활을 했어요? 이야기해 보세요.

	생활	예
1	친구	이웃에 살던 수트라
2	식당	집 근처에 있는 한국 식당
3	음식	태국에서 유명한 음식인 팟타이
4	노래	한국 K-POP
5	곳(장소)	집 근처 강변

가: **고향에서 자주 만나던 친구는 누구였어요?**
나: **고향에서 자주 만나던 친구는 이웃에 살던 수트라였어요.**

모임에서 자기소개하기

과제

Track 01-2 

동영상을 봅시다 미셸 씨 집에서 집들이를 합니다. 자가 씨와 아미르 씨가 처음 만납니다.

자가 씨는 몽골에서 무슨 일을 했어요?

아미르 씨는 주말에 보통 뭐 해요?

자 가 안녕하세요? 전 몽골에서 온 자가라고 해요.

아미르 안녕하세요? 인도에서 온 아미르예요. 자가 씨는 무슨 일을 하세요?

자 가 몽골에서 하던 일은 미용사인데 지금은 한국에서 취직하기 위해서 한국어를 배우고 있어요. 아미르 씨는요?

아미르 저는 전자 회사에 다녀요.

자 가 아미르 씨는 주말에 보통 뭐 하세요?

아미르 저는 요리를 좋아하는 편이라서 집에서 인도 요리를 만들어 먹어요. 자가 씨는요?

자 가 저는 영화를 좋아하는 편이라서 친구들하고 같이 영화를 봐요.

아미르 아, 그렇군요.

발음 Track 01-3

- 취직하기[취지카기]

☐ 전자 회사

대화해 봅시다

사람1 • 모임에서 새로운 사람을 만납니다. 자기를 소개하고 직업과 주말에 하는 일에 대하여 묻고 대답하세요.

사람2 • 모임에서 새로운 사람을 만납니다. 자기를 소개하고 직업과 주말에 하는 일에 대하여 묻고 대답하세요.

	이름	직업	주말
1	자가	몽골에서 미용사 → 한국에서 한국어를 배우다 (일하기 위해)	영화 보는 것을 좋아하다 극장에 가다
	아미르	전자 회사에 다니다	먹는 것을 좋아하다 요리를 하다
2	에디	미국에서 프로그래머 → 한국에서 영어를 가르치다	조용한 것을 좋아하다 책을 읽다
	링링	중국어를 가르치다	활동적인 편이다 운동을 하다
3	나레카	가나에서 회사원 → 한국에서 한국어를 배우다 (사업을 하기 위해)	한강에 가는 것을 좋아하다 한강에서 자전거를 타다
	찌빠오	여행사에서 아르바이트를 하다	돌아다니는 것을 좋아하다 여행을 가다
4			

표현

직업을 물어볼 때	여가 생활을 물어볼 때
• 무슨 일을 하세요? • 직업이 뭐예요? • 하는 일이 뭐예요?	• 주말에 보통 뭐 하세요? • 시간이 있을 때 보통 뭐 하세요? • 시간이 있으면 뭐 해요?

들어 봅시다

나트 씨가 석훈 씨에게 전화를 합니다. 다음을 잘 듣고 질문에 답하세요. Track 01-4

1. 자밀라 씨는 누구예요?

①  ②  ③ 

2. 맞으면 ○, 틀리면 × 하세요.

① 자밀라 씨는 한국어를 할 줄 몰라요. (　　)
② 석훈 씨는 자밀라 씨를 만난 적이 없어요. (　　)
③ 석훈 씨는 자밀라 씨하고 같이 공항에 가요. (　　)

읽어 봅시다

나레카 씨의 블로그에 있는 자기소개입니다. 다음을 잘 읽고 질문에 답하세요.

나레카의 블로그

타임라인　정보　친구　사진　더 보기

정보

이름	나레카
경력 및 학력	현재: 수원 다문화가족지원센터 2015-2017: 가나여행사 직원 웨슬리고등학교 졸업
결혼/연애 상태	미혼
가족	어머니, 아버지, 남동생
꿈	여행사 사장
내 소개	안녕하세요. 저는 가나에서 온 나레카예요. 한국에 사는 여러 나라 친구들을 만나고 싶어요.
사는 곳	수원
생년월일	1993년 9월 19일
취미	영화 보기
특기	수영하기
좋아하는 것	(영화) 부산행 (책) 제인 에어 (음악) 모든 음악

1. 지금 어디에 다녀요? ______________________

2. 하던 일은 뭐예요? ______________________

3. 살던 나라는 어디예요? ______________________

도전

1 여러분의 블로그에 자기소개를 쓰세요.

타임라인 정보 친구 사진 더 보기

정보

이름 ______________________

경력 및 학력 ______________________

사는 곳 ______________________

생년월일 ______________________

결혼/연애 상태 ______________________

가족 ______________________

취미 ______________________

특기 ______________________

꿈 ______________________

좋아하는 것 ______________________

내 소개 ______________________

문화를 알아봅시다

한국 사람들은 모임을 좋아해요

여러분은 어떤 모임을 하고 있어요?

한국 사람들은 자신과 공통점을 가진 사람과 관계 맺기를 좋아해요. 자신과 핏줄이 같은 사람끼리 맺어진 인연을 혈연, 고향이 같은 사람끼리 맺어진 인연을 지연, 출신 학교가 같은 사람끼리 맺어진 인연을 학연이라고 해요. 한국 사람들은 이러한 인연을 매우 중요하게 생각하여 모임을 만들어서 친목을 다져요.

혈연 (가족, 친척 모임)	지연 (고향 모임)	학연 (학교 모임)

형제, 사촌 등 같은 핏줄을 가진 사람들끼리 친척 공동체를 만들어요. 기쁜 일, 슬픈 일에 축하와 위로를 하며 서로 돕고 의지해요.	취업이나 학업 때문에 멀리 고향을 떠난 사람들은 같은 고향 사람들끼리 '향우회'라는 모임을 만들어요.	같은 학교를 졸업한 사람끼리 '동창회', '동문회'라는 모임을 만들어요. 직장 내에서도 같은 학교를 졸업한 사람끼리 모임을 만들기도 해요.

한국 사람들은 이런 친목 모임 외에도 취미 모임, 사회봉사 모임, 종교 모임 등 다양한 모임에 참여하고 있어요. 한국 사람뿐만 아니라 지역 사회의 일원으로서 이웃을 위해 봉사하는 모임에 참여하는 이민자들도 점점 늘어나고 있어요.

여러분 나라의 사람들도 모임을 해요? 한국과 같은 점과 다른 점에 대해 이야기해 보세요.

	같은 점	다른 점
나		
친구		

동영상을 봅시다
2
8
4
7
6

한국어를 아주 잘하던데요.

여러분은 어떤 사람을 좋아해요?

여러분은 가장 친한 친구를 어떻게 만났어요?

그 친구는 어떤 성격을 가지고 있어요?

따라 하세요

Track 02-1 

- 한국어를 아주 잘하던데요.
- 말이 잘 통했어요?
- 저처럼 요리를 좋아하더라고요.

❶ 전망	❷ 꽃병	❸ 액자	❹ 머그잔
❺ 난간	❻ 탁자	❼ 냅킨	❽ 정장

준비 ❶ -(으)니까

예문

- 친구에게 전화를 하니까 안 받아요.
- 이 옷을 입으니까 모델 같네요.

형태

-니까	-으니까
보니까	앉으니까
가니까	입으니까

산에 오니까 어때요?
산에 오니까 공기가 좋아요.

활용 어떤 행동을 하고 나서 느낀 점(또는 새롭게 알게 된 것)을 말해 보세요.

한 일	느낀 점/새롭게 알게 된 일
시내 야경을 보다	정말 아름답다
선물받은 티셔츠를 입다	조금 작다
새 소파에 앉아 보다	아주 편하다
집 근처 도서관에 가다	재미있는 책이 많다

가: **시내 야경을 보니까 어때요?**

나: **시내 야경을 보니까 정말 아름다워요.**

-더라고요

주말에 뭐 했어요?
TICKET BOX
극장에 갔어요. 사람이 정말 많더라고요.

예문

- 그 가게는 물건이 조금 비싸더라고요.
- 사람들이 요즘 그 음식을 많이 먹더라고요.

형태

-더라고요
싸더라고요
찾더라고요

활용 **지난 일 중에서 생각나는 장면이 있어요? 그때 직접 경험하거나 느낀 것 등에 대해서 말해 보세요.**

생각나는 장면	직접 경험한 것/느낀 점
오랜만에 마트에 가다	마트에 사람이 많다
친구가 알려 준 영화를 보다	영화가 슬프다
자가 씨와 같이 노래방에 가다	자가 씨가 한국 노래를 잘하다
디저트 카페에 처음 가다	팥빙수를 먹으러 온 외국인도 많다

가: **주말에 뭐 했어요? 어땠어요?**
나: **오랜만에 마트에 갔어요. 마트에 사람이 정말 많더라고요.**

준비❸ -던데요

예문

- 직원이 친절하던데요.
- 아까 전화를 안 받던데요.

형태

-던데요
보던데요
좋던데요

그 마트 직원이 조금 불친절하지 않아요?
아니요, 제가 갔을 때는 친절하던데요.

활용 직접 경험한 후에 알게 된 사실이 있어요? 최근에 어떤 일이 있었는지 말해 보세요.

직접 경험 후 알게 된 사실	정보에 대한 근거
아까 한국어 교실이 조용하다	오늘 한국어 시험이 있다
어제 전화를 안 받다	휴대 전화를 안 가지고 오다
그 사람의 성격이 정말 좋다	사람들이 외모만 보고 오해하다
그 드라마를 외국인들도 많이 보다	그 드라마에 한류 스타가 나오다

가: 아까 한국어 교실이 조용하던데요.
나: 네, 오늘 한국어 시험이 있었어요.

직접 경험한 일을 회상하여 말하기

과제

Track 02-2

자가 씨가 소개팅 경험에 대해 말합니다.

나트 씨와 자가 씨는 무엇에 대해 이야기해요?

자가 씨와 아미르 씨는 다시 만날 것 같아요? 그 이유는 뭐예요?

나트 자가 씨, 주말에 아미르 씨와 잘 만났어요?

자가 네, 잘 만났어요.

나트 아미르 씨를 만나 보니까 어때요?

자가 아미르 씨가 한국어를 아주 잘하던데요.
그리고 따뜻하고 다정한 사람 같았어요.

나트 맞아요. 저도 그렇게 생각해요. 두 사람이 말이 잘 통했어요?

자가 네, 아미르 씨도 저처럼 요리를 좋아하더라고요.
그래서 할 이야기가 많았어요.

나트 두 사람이 관심사도 비슷하고 잘됐네요.
앞으로도 계속 연락하고 지내세요.

발음 Track 02-3 

- 비슷하고[비스타고]
- 잘됐네요[잘됀네요]

관심사 다정하다 (말이) 통하다 잘되다

대화해 봅시다

사람1 • 친구가 새로운 사람을 만났습니다. 그 사람에 대해 질문하세요.

사람2 • 새로운 친구를 만났습니다. 그 친구를 생각하면서 이야기하세요.

	새로운 친구	성격 또는 태도	취미 또는 관심사
1	아미르	• 한국말을 잘하다 • 따뜻하고 다정하다	요리를 좋아하다
2	투싼	• 키가 큰 편이다 • 배려심이 깊다	운동을 좋아하다
3	마리	• 여성스럽게 생겼다 • 예의가 바르다	음악을 좋아하다
4			

표현

새로운 사람과의 만남에 대해 질문할 때	새로운 친구와의 만남에 대해 회상하여 말할 때
• 어떤 사람을 만났어요? • 직접 보니까 어때요? • 이야기해 보니까 어때요? • 그 사람은 무엇에 대해 관심이 있어요?	• 배려심이 깊던데요. • 운동을 좋아하더라고요. • 저하고 취미가/관심사가 비슷해요. • 말이/대화가 잘 통해요.

들어 봅시다

흐엉은 어제 새로운 한국인 친구를 만났습니다. 다음을 잘 듣고 질문에 답하세요. Track 02-4 

1. 맞으면 ○, 틀리면 × 하세요.

1) 민지 씨의 성격은 차가운 편이에요. (　　)

2) 흐엉은 민지 씨를 어제 처음 만났어요. (　　)

3) 흐엉은 아르바이트로 민지 씨에게 베트남어를 가르칠 거예요. (　　)

 읽어 봅시다

식당을 소개하는 글입니다. 다음을 읽고 질문에 답하세요.

한국에 사는 외국인에게 맛집 정보는 정말 큰 도움이 되지요? 제가 오늘은 수제비가 유명한 식당을 소개해 드릴게요.

이 식당은 할머니, 어머니, 손녀가 대를 이어서 50년째 운영하고 있어요. 작고 오래된 식당이지만 모르는 사람이 없어요.

제가 이 식당에 처음 갔을 때도 손님이 아주 많더라고요. 그래서 자리에 앉기까지 한 시간이나 기다려야 했어요. 수제비를 먹어 보니까 맵지도 않고 아주 맛있었어요. 추운 날씨에 먹으면 더 좋을 것 같아요.

1. 맞으면 ○, 틀리면 × 하세요.

1) 이 식당은 커서 모르는 사람이 없어요. ( )

2) 이 식당에 처음 갔을 때 손님이 많아서 들어가지 못했어요. ( )

2. 이 글은 누구에게 어떤 목적으로 쓴 거예요?

이 글은 ________________에게 ________________을/를 소개하기 위한 글이에요.

도전

1 **여러분이 알고 있는 사람 중에서 가장 생각나는 사람은 누구예요? 그 사람과 처음 만난 장면을 떠올리면서 반 친구와 함께 이야기해 보세요. 그리고 친구의 이야기도 듣고 답을 써 보세요.**

	나:	이름:	이름:
가장 생각나는 사람은 누구예요?			
그 사람을 언제 어디에서 처음 만났어요? 그때 어떤 상황이었어요? (날씨, 장소, ...)			
그 사람을 만나 보니까 어떤 성격 같았어요? 어떤 느낌이었어요?			
지금까지 그 사람의 무엇을 알게 되었어요?			
그 사람과 말이/대화가 잘 통해요? 그 이유는 뭐예요?			

문화를 알아봅시다

이렇게 어려움을 극복했어요

여러분에게 지금 제일 힘든 일은 뭐예요?

누구나 살아가면서 여러 가지 어려움을 겪지요. 그중에는 보통 사람보다 훨씬 큰 어려움을 겪은 사람들이 있어요. 신문이나 뉴스를 보면 성공한 사람들은 예외 없이 큰 어려움을 겪었어요. 우리는 어려움을 통해 마음과 몸을 단련하게 되지요. 어려움을 극복한 사람에게는 새로운 삶이 다가와요. 우리는 이 사실을 꼭 기억해야 해요.

네 손가락의 피아니스트 **이희아**

선천성 1급 장애로 양손에 손가락이 2개씩만 있고, 허벅지 아래로는 다리가 없어요. 7살 때 처음 피아노를 배우기 시작해 하루 13시간씩 끊임없는 노력 끝에 피아니스트가 되었어요. 아름다운 피아노 연주로 많은 사람들에게 희망과 행복을 주고 있어요.

슈퍼맨 닥터리 **이승복**

체조 선수로 활동하던 중, 사고로 목 아래를 움직일 수 없게 되었어요. 재활 과정에서 의사가 되겠다는 생각을 했어요. 끊임없는 노력 끝에 의사가 되었어요. 미국 존스홉킨스대학병원에서 환자들에게 희망을 주고 있어요.

화상의 고통을 이겨 내고 교수가 된 **이지선**

대학교 4학년 때 교통사고로 전신 55%가 3도 화상을 입어, 의사들마저 치료를 포기했어요. 하지만 11차례의 수술과 고통스러운 치료를 이겨 내고 박사 학위를 받았어요. 사고로 자신의 인생이 끝난 것이 아니고 오히려 그때부터 새로운 인생이 시작되었다고 말해요.

여러분은 지금 한국 생활에서 무엇이 가장 힘들어요? 힘든 것에 ○표를 하세요.

① 의사소통이 잘 안 돼요. ( )
② 음식이 입에 안 맞아요. ( )
③ 아이의 교육이 어려워요. ( )
④ 경제적으로 힘들어요. ( )
⑤ 친구가 없어서 외로워요. ( )
⑥ 문화가 달라서 힘들어요. ( )
⑦ 가족 간에 갈등이 있어요. ( )
⑧ 취업하기 어려워요. ( )
⑨ 차별과 편견 때문에 힘들어요. ( )
⑩ 날씨 때문에 힘들어요. ( )

동영상을 봅시다
6
7

자가 씨가 결혼한다고 해요.

여러분이 최근에 들은 소식은 뭐예요?

여러분은 보통 정보를 어디에서 찾아요?

여러분은 '작은 결혼식'에 대해 어떻게 생각해요?

따라 하세요

Track 03-1 

- 자가 씨 소식 들었어요?
- 누구와 결혼한다고 해요?
- 정말 잘됐네요.

❶ 제주도 ❷ 돌하르방 ❸ 절 ❹ 정원
❺ 자판기 ❻ 책꽂이 ❼ 웨딩드레스 ❽ 예식장(웨딩홀)

준비❶ -(ㄴ/는)다고 하다, -(으)냐고 하다

예문

- 지금 밖에 비가 온다고 해요.
- 언제 밥을 먹냐고 했어요.

형태

-ㄴ다고 하다	-는다고 하다	-다고 하다
간다고 하다	먹는다고 하다	싸다고 하다
마신다고 하다	읽는다고 하다	작다고 하다

-냐고 하다	-냐고 하다	-으냐고 하다
가냐고 하다	크냐고 하다	작으냐고 하다
먹냐고 하다	행복하냐고 하다	많으냐고 하다

웬 우산이에요?
아침에 일기 예보를 봤는데 오후에 비가 온다고 했어요.

활용 어디에 가면 좋을까요? 좋은 정보를 알려 주세요.

	질문	장소	다른 사람에게 들은 정보
1	옷을 사고 싶다	동대문	옷 종류가 많고 가격이 싸다
2	노트북을 사고 싶다	용산 전자 상가	가격이 싸고 현금으로 계산하면 깎아 주다
3	한국의 전통문화를 보고 싶다	용인 민속촌	옛날 생활 모습도 볼 수 있고 전통문화 공연도 있다
4	고향에서 부모님이 오시다	제주도	한국에서 가장 유명한 관광지이다

가: 옷을 사고 싶은데 어디에 가면 좋을까요?

나: 동대문에 가 보세요. 옷 종류가 많고 가격이 싸다고 해요.

-자고 하다, -(으)라고 하다

준비 ❷

예문

- 교실 청소를 하자고 했어요.
- 책을 읽으라고 했어요.

형태

-자고 하다	-라고 하다	-으라고 하다
가자고 하다	보라고 하다	읽으라고 하다
먹자고 하다	가라고 하다	찾으라고 하다

활용

게시판에 우리 반 규칙과 선생님의 공지 사항이 있어요. 오늘 결석한 친구에게 내용을 전해 주세요.

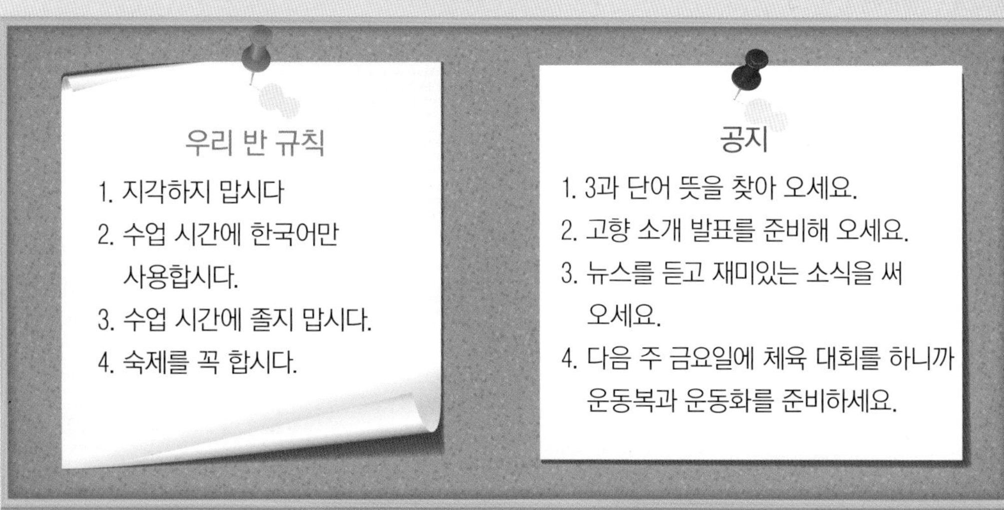

가: 오늘 무슨 일이 있었어요?
나: 우리 반 규칙을 정했어요. 지각하지 말자고 했어요.

가: 오늘 무슨 일이 있었어요?
나: 선생님의 공지 사항이 있었어요. 3과 단어 뜻을 찾아 오라고 하셨어요.

준비 ③ -아/어 놓다/두다

결혼 준비는 뭐부터 해야 할까요?

ㅇㅇ 웨딩홀
ㅇㅇ 웨딩홀
나중에 예식장 잡기가 힘드니까 예식장부터 예약해 놓으세요.

예문

- 고향에 다녀오려고 비행기표를 미리 사 놓았어요.
- 내일 먹을 반찬을 만들어 두었어요.

형태

-아놓다	-어 놓다	-해 놓다
사 놓다	써 놓다	준비해 놓다
받아 놓다	틀어 놓다	예약해 놓다

활용 친구가 집에서 생일 파티를 준비해요. 뭘 준비했는지 물어보세요.

음식을 준비하다	케이크를 사다	벽에 그림을 걸다
음악을 틀다	에어컨을 켜다	꽃병에 꽃을 꽂다
풍선을 불다	사진기를 준비하다	게임할 것을 준비하다

파티 준비 다 했어요?
그럼요. 케이크도 사 놓고 음식도 준비해 놓았어요.

소식 듣고 전달하기

과제

Track 03-2

동영상을 봅시다 나레카 씨가 엔젤 씨에게 들은 이야기를 전합니다.

- 무슨 소식이에요?
- 누구에 대해 말했어요?

나레카 자가 씨 소식 들었어요?

엔 젤 무슨 소식요?

나레카 자가 씨가 결혼한다고 해요.

엔 젤 정말요? 누구와 결혼한다고 해요?

나레카 나트 씨 남편 동료라고 해요.

엔 젤 그래요? 그럼 나트 씨가 소개해 준 거예요?

나레카 네, 나트 씨가 남편 동료를 자가 씨한테 소개해 주었다고 해요.
인도 사람인데 배우처럼 멋있다고 들었어요.

엔 젤 그래요? 정말 잘됐네요.

발음 Track 03-3

- 소식요[소싱뇨]
- 동료[동뇨]

☐ 소식 ☐ 동료

대화해 봅시다

사람1 • 다른 사람에게서 들은 소식을 친구에게 전달하세요.

사람2 • 다른 사람의 소식을 친구에게 전해 듣고 묻고 싶은 것을 물어보세요.

소식	내용
자가 씨가 결혼하다	• 나트 씨 남편 동료이다 • 나트 씨가 남편 동료를 자가 씨한테 소개해 주었다 • 인도 사람인데 배우처럼 멋있다
마이클 씨가 회사에 취직했다	• 가전제품으로 유명한 회사이다 • 회사가 서울에 있다 • 월급도 많은 편이다
엔젤 씨가 텔레비전에 나오다	• 내일 오후 6시에 텔레비전에 나오다 • 음식 소개 프로그램이다 • 직접 고향 음식을 소개하다

표현

소식을 전달할 때	소식을 들었을 때
• 자가 씨 소식 들었어요? • 나트 씨가 그러는데 에디 씨가 취직했다고 해요. • 뉴스에서 봤는데 물가가 오른다고 해요.	• 무슨 소식요? 못 들었는데요. • 정말요? 어떻게 알았어요? • 정말 잘됐네요.

들어 봅시다

엔젤 씨가 다른 사람에게 들은 소식을 자가 씨에게 확인합니다. 다음을 잘 듣고 질문에 답하세요.

Track 03-4 

1. 무슨 소식인지 맞는 것을 고르세요.

① 결혼 소식 ② 고향 소식
③ 입원 소식 ④ 취직 소식

2. 자가 씨는 무엇을 해 놓았는지 맞는 것을 고르세요.

① 친구 초대 ② 신혼집 구하기
③ 청첩장 준비 ④ 웨딩드레스 예약

읽어 봅시다

결혼 문화에 관한 기사입니다. 다음을 읽고 질문에 답하세요.

작은 결혼식 인기, 결혼식 문화가 달라진다

몇 년 전 한국의 유명한 가수, 배우가 작은 결혼식을 한 후 작은 결혼식을 하는 사람들이 점점 많아지고 있다. 작은 결혼식은 집이나 식당 등의 작은 장소에서 가까운 친구, 가족만 초대해서 하는 결혼식을 말한다. 이렇게 작은 결혼식이 많아진 것은 무엇보다도 작은 결혼식을 하면 결혼식 비용을 크게 줄일 수 있기 때문이다.

올해 3월 '결혼 정보 회사인 D사'가 전국의 20~40대 기혼 남녀 1,000명을 대상으로 결혼식에 대해 설문 조사를 했다.

작은 결혼식에 대한 생각(단위: %)

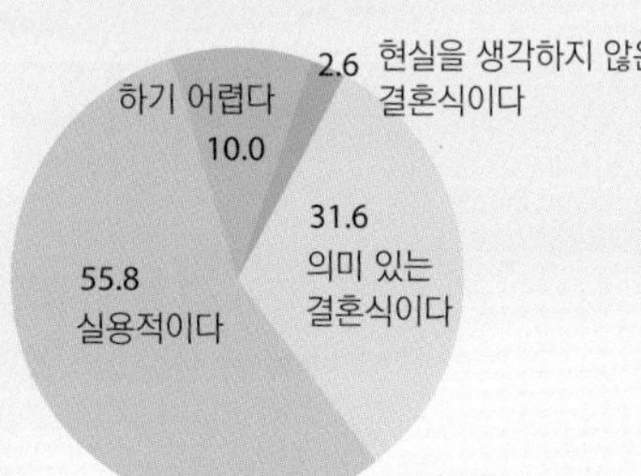

2.6 현실을 생각하지 않은 결혼식이다
하기 어렵다 10.0
31.6 의미 있는 결혼식이다
55.8 실용적이다

다시 결혼식을 준비한다면 어떻게 하시겠습니까(단위: %)

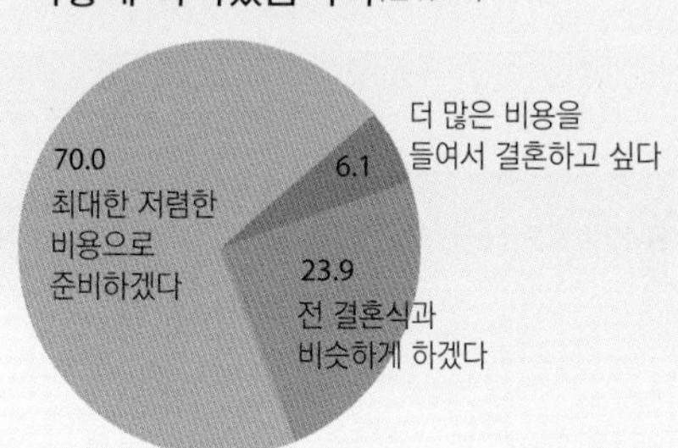

조사 결과, 87.4%가 작은 결혼식에 대해 긍정적으로 생각한다고 답했다. 그리고 기혼자의 70%는 다시 결혼식을 하면 최대한 저렴한 비용으로 준비하겠다고 했다. 이를 통해 결혼식 문화가 달라지고 있다는 것을 알 수 있었다.

1. 무엇에 대한 설문 조사예요?

① 인기 연예인의 결혼식
② 선호하는 예식장 분위기
③ 예전과 다른 결혼식 문화
④ 결혼에 대한 기혼자의 의식 조사

2. '작은 결혼식'은 무엇인지 맞는 것을 고르세요.

① 유명한 사람의 결혼식
② 야외에서 하는 결혼식
③ 가수와 배우를 초대하는 결혼식
④ 적은 사람을 초대하는 소규모 결혼식

도전

1 결혼 준비 관련 자료를 읽고 친구들에게 읽은 내용을 말하세요.

결혼 준비, 무엇이 가장 힘들까?

결혼을 준비하면서 가장 힘든 것은 뭐였어요?

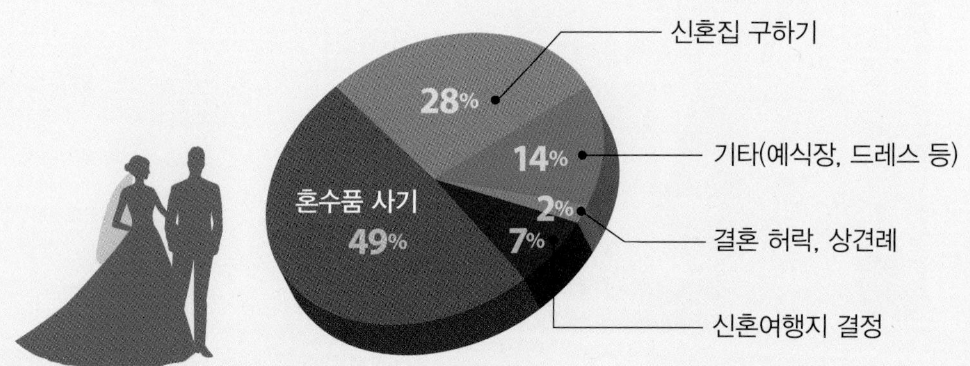

순위	결혼 준비할 때 어려운 점	이유
1	혼수품 사기(49%)	여러 가지 물건을 실수 없이 사기 위해 정보를 구해야 한다.
2	신혼집 구하기(28%)	직장과의 거리, 시장, 교통 등을 고려해야 한다. 전세가 비싸서 대출을 받아야 한다.
3	기타(14%)	가격, 디자인 등 여러 가지를 생각해서 결정해야 한다.

2 결혼 준비 관련 자료를 보고 내용을 전달하는 글을 쓰세요.

준비 활동

① 무엇을 조사했어요?

② 가장 힘든 것과 그 이유는 뭐예요?

예비 신랑, 신부가 결혼을 준비할 때 힘든 것이 무엇인지에 대해 조사했습니다.

문화를 알아봅시다

청첩장은 만들었어요?

여러분은 결혼할 때 누구를 초대했어요?

예전에는 혼사를 치르는 집에 필요한 물건을 보내거나 일손을 도와주는 품앗이 전통이 있어서 서로 부담이 없었어요. 요즘은 잘 모르는 사람에게도 청첩장을 보내는 일이 있어서 받는 사람이 부담을 느끼기도 한다고 해요.

청첩장은

청첩장도 편지와 비슷한 형식으로 써요. 결혼식에 초대하는 내용을 담고 끝인사를 써요. 그리고 결혼식을 하는 날짜, 시간, 장소를 쓰고 약도를 그리거나 찾아가는 방법을 써요. 요즘은 청첩장에 계좌 번호를 쓰는 경우도 있어요. 또 종이 청첩장과 모바일 청첩장도 같이 보내요.

축하는

축 혼인
축 결혼
축 화혼
축의
하의
경축

결혼/혼인을 축하합니다.
결혼/혼인을 진심으로 축하합니다.
결혼/혼인을 경축합니다.
결혼/혼인을 진심으로 경축합니다.

혼인을 축하합니다.

금 원
○○○○년 ○월 ○일
○○○ 근정

한국에서는 양가의 친척들은 물론 신부와 신랑의 친구와 지인들을 초대해요. 초대받은 하객은 축의금을 흰색 봉투에 넣어서 내요. 봉투에는 보통 '축 결혼' 이라고 쓰고 봉투에 돈을 넣어요. 하지만 좀 더 예의를 갖추려면 봉투 안에 축하의 말과 함께 금액, 날짜, 이름을 쓰는 것도 좋아요.

여러분 나라에서는 결혼식에 누구를 초대해요?

	초대하는 사람
나	
친구	

여러분 나라에서는 결혼식에 초대받았을 때 무엇을 준비해요?

	준비하는 것
나	
친구	

동영상을 봅시다
1
2
5
8
6
7

다음 달에 결혼하기로 했어요.

한국에서 결혼식에 가 본 적이 있어요?

여러분 나라에서는 결혼할 때 특별히 준비하는 것이 있어요?

여러분 나라에서는 어디에서 결혼식을 해요?

따라 하세요

Track 04-1 

- 다음 달에 결혼하기로 했어요.
- 바쁘시더라도 꼭 참석해 주세요.
- 서로 노력하는 거지요.

❶ 주례 ❷ 사회자 ❸ 상견례 ❹ 청첩장
❺ 신랑 ❻ 신부 ❼ 결혼반지 ❽ 부케

준비❶ -기로 하다

예문

- 오후에 친구하고 만나기로 했어요.
- 오늘 저녁에 친구하고 베트남 음식을 먹기로 했어요.

형태

-기로 하다
만나기로 하다
먹기로 하다

주말에 뭐 해요?
친구하고 영화 보기로 했어요.

활용
새해 결심이나 계획에 대해 말해 보세요.
1)
외국 여행을 가다
2)
올해 안에 결혼하다
3)
꼭 담배를 끊다
4)
주말마다 운동하다

가: 새해 결심이 뭐예요?

나: 외국 여행을 가기로 했어요.

-다(가) 보면 준비❷

한국 뉴스 듣기가
어려워요.
?
NEWS
처음에는 어려워도
계속 듣다 보면 나중에는
잘 들릴 거예요.

예문

- 계속 공부하다(가) 보면 잘할 수 있어요.
- 한국 음식을 자주 먹다(가) 보면 익숙해질 거예요.

형태

-다(가) 보면
연습하다(가) 보면
먹다(가) 보면

활용 친구가 걱정합니다. 친구에게 조언해 보세요.

친구의 걱정
나의 조언
1)
여러 번 연습하다
+ 잘할 수 있다
2)
조금씩 먹다
+ 익숙해지다
3)
꾸준히 운동하다
+ 조금씩 빠지다
4)
자주 운전하다
+ 익숙해지다

가: 한국말로 발표를 해야 하는데 걱정이에요.

나: 계속 연습하다 보면 잘할 수 있을 거예요.

준비❸ -더라도

예문

- 잘 못하더라도 이해해 주세요.
- 늦더라도 꼭 오세요.

형태

-더라도
가더라도
재미없더라도

활용 다음을 알맞게 연결해서 친구에게 격려나 조언을 해 보세요.

	상황	격려, 조언
1)	요즘 날씨가 더워서 입맛이 없어요	어렵다 / 아이들을 생각해서 열심히 해 보다
2)	이 예식장이 너무 비싸요	입맛이 없다 / 건강을 위해서 꼭 식사하다
3)	한국어가 너무 어려워요	실수하다 / 부끄러워하지 말고 계속 연습해 보다
4)	한국말을 할 때 자주 실수해요	비싸다 / 이 예식장의 교통이 편리하니까 예약하다

가: 한국어가 너무 어려워요.
나: 어렵더라도 아이들을 생각해서 열심히 해 보세요.

결혼 소식 알리기

Track 04-2

동영상을 봅시다 자가 씨가 나트 씨에게 결혼식에 대해 이야기합니다.

- 자가 씨는 왜 나트 씨의 집에 갔어요?
- 자가 씨는 나트 씨에게 무엇을 줬어요?

자가	나트 씨, 저희 다음 달에 결혼하기로 했어요. 여기 청첩장요.
나트	와! 청첩장이 정말 예쁘네요. 결혼 축하해요.
자가	바쁘시더라도 꼭 참석해 주세요.
나트	꼭 가야지요. 준비는 다 됐어요?
자가	네, 상견례도 잘 끝났고 예식장도 예약했고 신혼여행은 제주도로 가기로 했어요.
나트	진짜 열심히 준비했군요. 이제 결혼식만 남았네요.
자가	네, 그런데 잘 살 수 있을까 걱정이 좀 돼요.
나트	그 마음 이해해요. 살다 보면 좋은 일도 있고 나쁜 일도 있을 거예요. 서로 노력하는 거지요.

발음 Track 04-3

- 청첩장[청첩짱]
- 참석해[참서캐]
- 상견례[상견녜]

☐ 축하하다 ☐ 청첩장 ☐ 참석하다 ☐ 상견례 ☐ 걱정되다 ☐ 노력하다

대화해 봅시다

사람1 • 결혼을 하게 된 친구를 축하하고 친구의 결혼 준비에 대해서 물어보세요.

사람2 • 결혼식 준비에 대한 질문에 대답해 보세요.

	결혼에 대해 물어볼 때	결혼에 대해 대답할 때
1	결혼 준비	상견례가 끝났다 예식장을 예약했다 신혼여행은 제주도로 가다
2	상견례	지난달 다음 주말 안 하다
3	약혼식	하다 안 하다
4	결혼식	교회 예식장 성당 고향
5		

표현

자신의 결혼식에 초대할 때	친구의 결혼식이나 결혼 준비에 대해 물을 때
• 바쁘더라도 제 결혼식에 와 주세요. • 좀 멀더라도 제 결혼식에 참석해 주세요. • 바쁘시더라도 시간 내 주시면 감사하겠습니다.	• 결혼 준비는 다 됐어요? • 결혼 준비는 끝났어요? • 결혼 준비는 끝나 가요?

들어 봅시다

결혼식 주례사입니다. 다음을 듣고 질문에 답하세요. Track 04-4

1. 신랑과 신부의 이름은 뭐예요?

____

2. 다음 중 맞지 않는 것을 고르세요.

① 두 사람은 국제결혼을 하는 것이에요.

② 주례는 힘들 때 서로 도와야 한다고 했어요.

③ 주례는 생각이 다를 때 서로 이해해야 한다고 했어요.

④ 주례는 두 사람이 결혼을 하게 되면 이제 어려움이 없을 거라고 했어요.

말해 봅시다

결혼할 친구의 걱정에 대해 조언해 보세요.

상황	조언
요리를 잘 못해서 걱정이 돼요.	맛이 없다/자꾸 요리를 하다 보면 맛있어질 거예요.
결혼 후에 남편/아내하고 많이 싸울 것 같아서 걱정이 돼요.	
아이를 키우는 것이 힘들 것 같아서 걱정이 돼요.	
집안일이 익숙하지 않아서 걱정이 돼요.	

도전

1 청첩장입니다. 다음을 읽고 질문에 대답해 보세요.

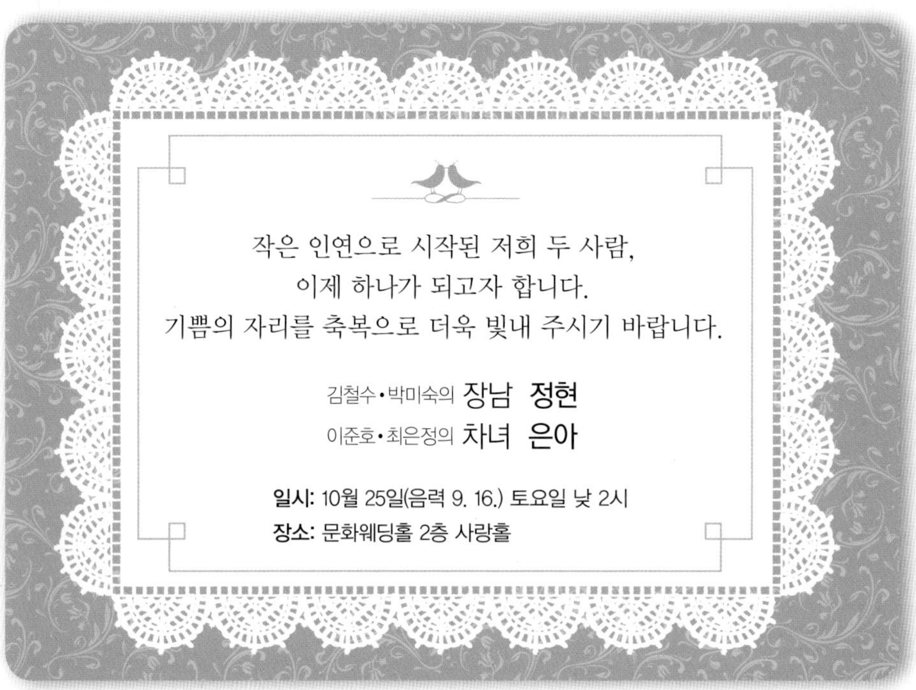
작은 인연으로 시작된 저희 두 사람,
이제 하나가 되고자 합니다.
기쁨의 자리를 축복으로 더욱 빛내 주시기 바랍니다.

김철수•박미숙의 장남 정현
이준호•최은정의 차녀 은아

일시: 10월 25일(음력 9. 16.) 토요일 낮 2시
장소: 문화웨딩홀 2층 사랑홀

1. 위의 내용과 같은 것을 고르세요.

① 신랑은 형이 있다.
② 신부의 아버님 성함은 김철수이다.
③ 결혼식은 10월 24일 2시이다.
④ 두 사람은 예식장에서 결혼을 한다.

2. 청첩장을 보고 결혼을 축하하는 인사와 참석할 수 있다는 문자를 보내 보세요.

문화를 알아봅시다

어떤 결혼식을 할 거예요?

여러분은 결혼을 했어요? 안 했다면 어떤 결혼식을 하고 싶어요?

한국 사람들은 보통 많은 사람들을 초대해서 결혼식장에서 결혼식을 해요. 하지만 여유가 있는 사람들은 호텔에서, 종교가 있는 사람들은 교회나 성당, 사찰에서 하기도 해요. 그런데 요즘은 가족과 가까운 친구들만 초대하여 '작은 결혼식'을 하거나 주례를 여성이 하는 등 변화의 바람이 불고 있어요.

전통 결혼식	현대적인 결혼식

전통 결혼식은 주례가 없어요. 신랑과 신부가 혼례상을 마주 보고 절을 하고 술을 나눠 마시며 평생 함께할 것을 약속해요. 혼례상에는 대추, 밤, 콩 등의 곡식, 소나무, 대나무, 암탉과 수탉 한 쌍 등 여러 가지를 올려요. 이것은 다산, 장수, 건강 등의 의미가 있어요.	현대적인 결혼식은 주례가 있는데, 주례는 보통 학창 시절 은사나 직장 상사가 해요. 하지만 종교 시설에서 할 때는 목사님이나 신부님, 스님 등 성직자가 주로 해요. 주례는 축하 인사와 행복한 결혼 생활을 할 수 있도록 당부하는 말을 해요. 요즘은 주례 없이 하는 결혼식도 늘고 있어요.

여러분 나라의 결혼식 순서는 어떻게 돼요?

	결혼식 순서
나	
친구	

동영상을 봅시다
출산용
30%
세
1
2
3
4
5
7

임신 축하해요!

여러분은 아이가 있어요?

여러분 나라에서는 출산 준비를 보통 누가 도와줘요?

출산용품은 어떻게 준비해요?

따라 하세요

Track 05-1 

- 임신 축하해요!
- 임신하면 뭘 조심해야 해요?
- 배 속 아기에게 좋지 않거든요.

❶ 임산부	❷ 유모차	❸ 보행기
❹ 배냇저고리	❺ 아기 침대	❻ 아기 이불
❼ 젖병	❽ 진료실	

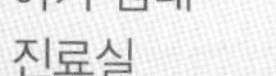

준비❶ -자마자

예문

- 한국에 오자마자 한국어 공부를 시작했어요.
- 돈을 찾자마자 잃어버렸어요.

형태

-자마자
보자마자
먹자마자

우리 농구를
한 시간이나 했네요.
네, 땀이 너무 많이 났어요.
집에 가자마자 샤워부터
해야겠어요.

활용 **여러분은 다음 상황에서 가장 먼저 하는 일이 뭐예요? 친구와 이야기해 보세요.**

	상황	무엇을 해요?
1	아침에 일어나다	물을 마시다
2	식사를 끝내다	커피를 마시거나 과일을 먹다
3	회사에서 퇴근하다	텔레비전 뉴스를 보다
4	아이가 학교에서 돌아오다	간식을 먹다
5	월급을 받다	은행에 저금하다

가: **아침에 일어나면 제일 먼저 뭘 해요?**

나: **저는 아침에 일어나자마자 물부터 마셔요.**

예문

- 우리 삼계탕 먹어요. 제가 매운 음식을 잘 못 먹거든요.
- 저는 먼저 갈게요. 아이를 데리러 가야 하거든요.

형태

-거든요
오거든요
좋거든요

활용 임신을 하면 조심해야 할 일과 그 이유를 이야기해 보세요.

	조심해야 할 일	이유
1	술을 마시거나 담배를 피우면 안 된다	배 속 아기에게 안 좋다
2	철분제를 먹다	임산부는 빈혈이 생길 수 있다
3	가벼운 운동을 하다	순산을 할 수 있다
4	커피를 너무 마시면 안 된다	엄마가 숙면을 취할 수 없어서 배 속 아기도 같이 잠을 못 잔다
5	편식을 하면 안 된다	배 속 아기가 충분히 자라지 못한다

가: 임신하면 뭘 조심해야 해요?
나: 술을 마시거나 담배를 피우면 안 돼요.
그렇게 하면 배 속 아기에게 안 좋거든요.

준비③ -아/어야겠어요

예문

- 내일부터 운동을 시작해야겠어요.
- 부모님께 자주 전화 드려야겠어요.

형태

-아야겠어요	-어야겠어요	-해야겠어요
가야겠어요	먹어야 겠어요	청소해야 겠어요
만나야 겠어요	기다려야 겠어요	예약해야 겠어요

나트 씨, 배가 많이 아파요?
많이는 아니고 조금씩 아파요. 남편한테 연락해서 병원에 바로 가야겠어요.
산부인과

활용 여러분은 친구에게 조언을 구합니다. 친구의 조언을 듣고 친구의 조언에 맞는 대답을 해 보세요.

	고민(상황)	조언
1	며칠 전부터 몸이 안 좋다	병원에 가서 진찰을 받다
2	임신을 하니까 입덧이 심해서 음식을 못 먹다	죽을 먹다
3	임신을 하니까 소화가 안 되다	매실차를 한번 마셔 보다 그래도 안 되면 병원에 가다
4	임신을 하니까 다리가 붓고 아프다	임산부 요가를 배워 보다 그래도 안 되면 병원에 가다
5	임신을 하니까 지하철을 타기가 힘들다	보건소에서 임산부 배지를 받아서 달다

가: **며칠 전부터 왠지 몸이 안 좋아요.**

나: **그럼 빨리 병원에 가서 진찰을 받아 보세요.**

가: **네, 그럼 빨리 병원에 가서 진찰을 받아 봐야겠어요.**

임신과 출산에 대한 조언 구하기

과제

Track 05-2

동영상을 봅시다 나트 씨가 이웃 친구에게 임신과 출산에 대한 조언을 구합니다.

- 어떤 출산용품을 미리 사야 해요?
- 임신하면 무엇을 조심해야 해요? 왜요?

유미	나트 씨, 임신 축하해요! 출산용품은 다 샀어요?
나트	아니요, 아직 못 샀어요. 뭐부터 사야 할까요?
유미	배냇저고리하고 기저귀는 미리 사세요. 아기가 태어나자마자 바로 필요하거든요.
나트	그래요? 오늘 집에 돌아가자마자 주문해야겠어요.
유미	네, 그러세요.
나트	참! 그리고 임신하면 뭘 조심해야 해요?
유미	약을 함부로 먹지 마세요. 배 속 아기에게 좋지 않거든요.
나트	아, 그래요? 조심해야겠어요.

발음 Track 05-3

- 축하해요[추카해요]
- 배냇저고리[배내쩌고리]

☐ 출산  용품 ☐ 바로 ☐ 주문하다 ☐ 참 ☐ 함부로

 대화해 봅시다

사람1 • 임신을 했습니다. 무엇을 준비해야 하고 무엇을 조심해야 하는지 친구에게 조언을 구하세요.

사람2 • 친구가 임신을 했습니다. 친구에게 무엇을 준비해야 하고 무엇을 조심해야 하는지 말하고 이유도 함께 말하세요.

	사야 하는 것	조심해야 하는 것	이유
1	배냇저고리, 기저귀	약을 함부로 먹으면 안 된다	배 속 아이에게 안 좋다 약 대신에 차를 마셔 보다
2	젖병	임신 비만에 주의해야 한다	아이를 낳을 때 힘들다 가벼운 운동을 해 보다
3	아기 욕조	한 달에 한 번씩 검사를 받아야 한다	아기가 잘 자라는지 알 수 있다 동네 보건소에 문의해 보다
4	아기 이불	커피를 많이 마시지 않는다	임산부가 잠을 못 자면 배 속 아기에게 안 좋다 잠이 잘 오는 차를 마셔 보다
5			

표현

조언을 구할 때	조언할 때
• 뭘 사야 할까요? • 뭘 준비해야 하나요? • 임신하면 뭘 조심해야 해요?	• 기저귀는 미리 사세요. • 약을 함부로 먹지 마세요. • 커피나 차를 너무 많이 마시면 안 돼요. • 약을 먹는 대신에 따뜻한 차를 마셔 보세요.

 들어 봅시다

나트 씨가 석훈 씨와 함께 병원에 갔습니다. 다음을 잘 듣고 질문에 답하세요. Track 05-4 

1. 나트 씨는 무엇을 조심해야 해요?

______________, ______________, ______________

2. 나트 씨는 왜 정기적으로 검사를 받아야 해요?

1) 배 속 아기의 건강이 안 좋아서 ☐

2) 배 속 아기의 건강을 확인해야 해서 ☐

3. 잘 듣고 맞는 것에 ✓ 하세요.

1) 나트 씨는 임신을 확인하기 위해서 병원에 왔습니다. ☐

2) 나트 씨는 한 달에 두 번씩 병원에 가야 합니다. ☐

읽어 봅시다

보건소에서 임산부를 위해 제공하는 서비스의 안내문입니다. 다음을 읽고 질문에 답하세요.

〈임산부 서비스〉

* 우리 구에 살고 계시는 모든 임산부에게 아래와 같은 서비스를 제공합니다.
  많은 이용 부탁드립니다.

1. 무료 산전 검사

임신을 원하는 분에게 소변 검사 등을 무료로 제공합니다.

2. 임산부와 산모를 위한 다양한 수업 및 자료 제공

- 임산부와 아기를 위한 모유 수유 교실, 임산부 체조 교실, 출산 준비 교실, 아기 마사지 교실
- 임산부를 위해 임신 · 출산 관련 책, CD, 비디오 등을 빌려 드립니다.

3. 철분제 무료 제공

임신 16주 이상의 임산부에게 철분제를 무료로 드립니다.

1. 이 보건소에서는 어떤 검사를 받을 수 있어요?

2. 이 보건소에서는 어떤 수업을 받을 수 있어요?

3. 다음을 읽고 맞는 것에 ✓ 하세요.

1) 이 서비스를 이용하기 위해서 비용을 내야 해요. ☐

2) 이 보건소에서는 임산부에게 임신 관련 책도 빌려줘요. ☐

도전

보건소에서 임산부 등록을 하려고 합니다. 다음 신청서를 내용에 맞게 써 넣으세요.

임산부 등록 신청서

임산부 성명		생년월일		배우자 성명		
주소				전화번호		
분만 예정일	년	월	일			
키	Cm			자녀 수	남: 명	
몸무게	Kg					
혈액형	형				여: 명	

모자보건법에 의해 위와 같이 신청합니다.

20 년 월 일

신청자 이름 (서명 또는 인)

문화를 알아봅시다

우리 가족은 '행복이' 만날 날을 기다려요

아기가 생겼어요! 무슨 일이 생길까요? 무엇을 할 수 있을까요?

태몽을 꿔요

아기를 가진 것을 알려 주는 꿈을 '태몽'이라고 합니다.
엄마가 태몽을 꿀 수도 있지만 아빠나 할머니, 이모, 고모 같은 가까운 다른 가족이 꾸는 경우도 많습니다. 태몽으로는 보통 동물, 과일, 채소 꿈이 많습니다.

태명을 지어요

아기가 엄마 배 속에 있는 동안 부르는 아기의 이름을 '태명'이라고 합니다. 태명은 부부가 같이 자유롭게 지으면 됩니다. 아기의 성별과 관계없이 '행복이, 튼튼이, 사랑이'처럼 부르기 쉽고 좋은 의미를 가진 이름을 지어 줍니다.

태교를 해요

엄마가 배 속에 있는 아기에게 좋은 영향을 주기 위해 노력하는 것을 '태교'라고 합니다. 좋은 말과 바른 행동을 하고 늘 편안한 마음으로 가지는 것이 중요합니다. 좋은 음악을 듣고 예쁜 것을 많이 보는 게 좋습니다.

여러분 나라에서는 아기가 생기면 무엇을 해요? 반 친구들과 이야기해 보세요.

한국	________	________
• 태몽을 꿔요 • 태명을 지어요 • 태교를 해요		

여러분에게 아기가 생기면 무엇을 하고 싶은지 생각해 보고 아래에 써 보세요.

동영상을 봅시다
어린이집
5
8
2
1

어린이집이 좀 가까웠으면 좋겠어요.

여러분은 소망이 있어요?

올해 무엇을 하고 싶어요?

내년에 무엇을 하고 싶어요?

따라 하세요

Track 06-1

- 이사요?
- 어린이집도 좀 가까웠으면 좋겠고요.
- 이사하는 날 아이를 어떻게 하지요?

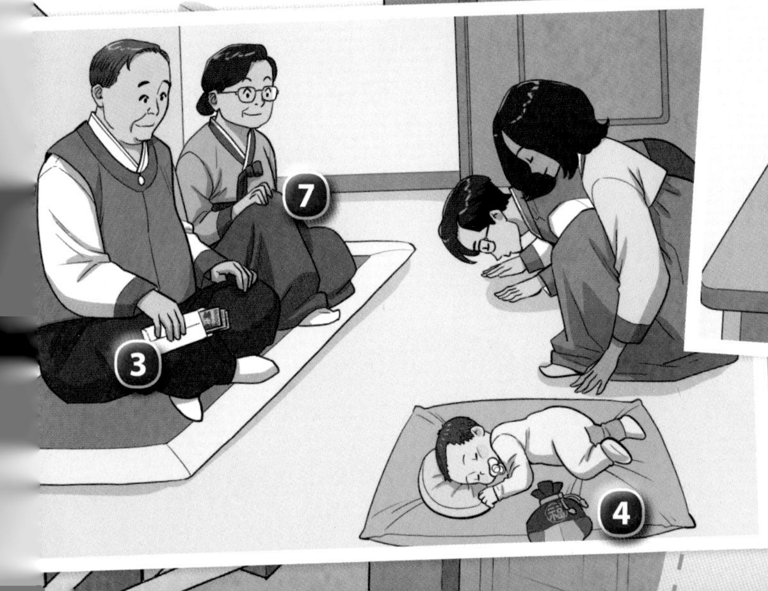

❶ 빨래집게 ❷ 빨래 건조대 ❸ 세뱃돈 ❹ 복주머니
❺ 공원 ❻ 연하장 ❼ 한복 ❽ 모빌

준비❶ -았/었으면 좋겠다

예문

- 여름휴가 때 여행을 갈 수 있었으면 좋겠어요.
- 영화가 재미있었으면 좋겠어요.

형태

-았으면 좋겠다	-었으면 좋겠다	-했으면 좋겠다
갔으면 좋겠다	예뻤으면 좋겠다	좋아했으면 좋겠다
작았으면 좋겠다	먹었으면 좋겠다	행복했으면 좋겠다

소원을 말하고
촛불을 끄세요.
우리 가족 모두 건강하고
행복했으면 좋겠어요.

활용 여러분의 새해 소망을 이야기해 보세요.

	소망
1	아기가 생기다
2	회사에서 승진하다
3	가족들의 모든 일이 잘되고 건강하다
4	돈을 많이 벌다
5	원하는 회사에 취직하다

가: 새해 소원이 뭐예요?
나: 아기가 생겼으면 좋겠어요.

-(으)ㄹ 텐데

모두 바쁘실 텐데
와 주셔서 감사합니다.
천돌

예문

- 오후에 비가 올 텐데 우산을 가져가세요.
- 식으면 맛없을 텐데 빨리 드세요.

형태

-ㄹ 텐데	-을 텐데
쌀 텐데	많을 텐데
갈 텐데	먹을 텐데

활용 다음 그림을 보고 걱정을 이야기하고, 어떻게 하면 좋을지 이야기해 보세요.

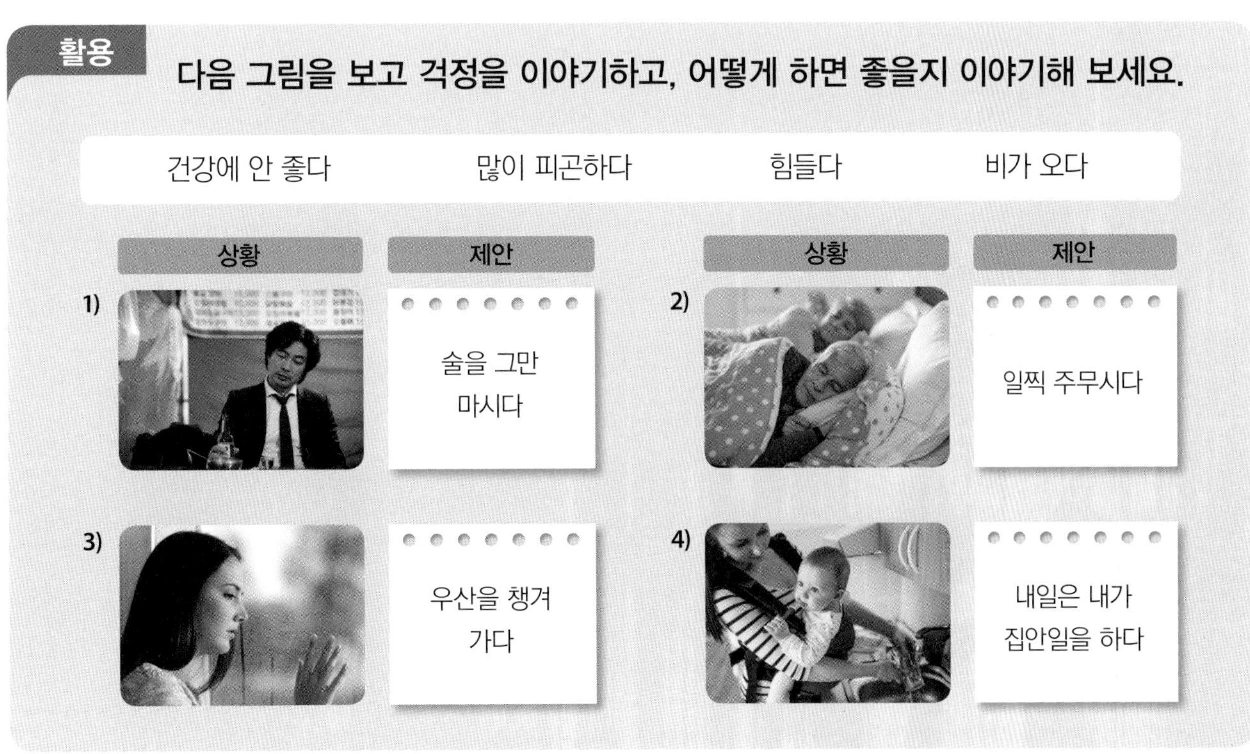

건강에 안 좋다
많이 피곤하다
힘들다
비가 오다
상황
제안
1)
술을 그만
마시다
2)
일찍 주무시다
3)
우산을 챙겨
가다
4)
내일은 내가
집안일을 하다

가: 건강에 안 좋을 텐데 술 좀 그만 마셔.

나: 알았어.

준비 3 –고요

예문

- 친구가 파티에 올 거예요. 남편도 오고요.
- 경치가 정말 아름답네요. 공기도 좋고요.

형태

–고요
가고요
좋고요

활용 전학 온 아이의 엄마가 학교생활에 대하여 질문합니다. 이야기해 보세요.

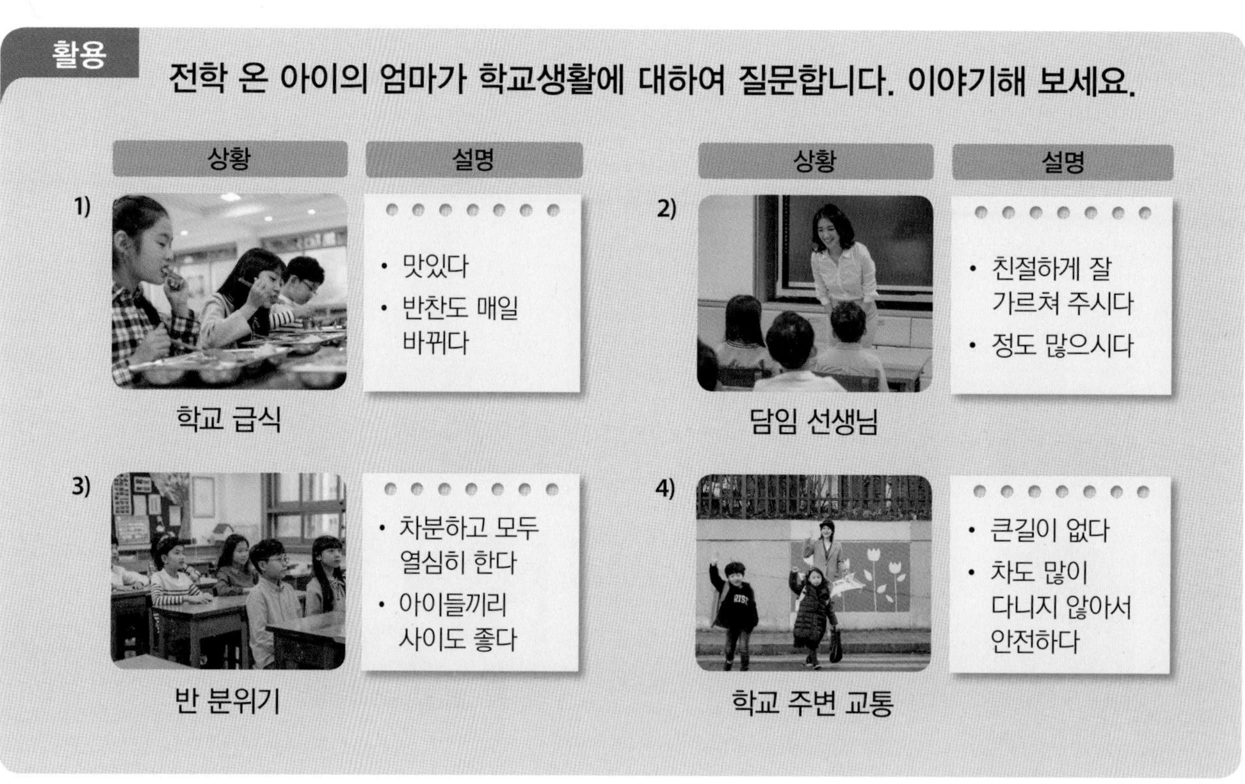

	상황	설명
1)	학교 급식	• 맛있다 • 반찬도 매일 바뀌다
2)	담임 선생님	• 친절하게 잘 가르쳐 주시다 • 정도 많으시다
3)	반 분위기	• 차분하고 모두 열심히 한다 • 아이들끼리 사이도 좋다
4)	학교 주변 교통	• 큰길이 없다 • 차도 많이 다니지 않아서 안전하다

가: **학교 급식이 어때요?**

나: **맛있대요. 반찬도 매일 바뀌고요.**

원하는 집 말하기 과제

Track 06-2

동영상을 봅시다 나트 씨가 이사를 가고 싶어서 남편에게 이야기합니다.

- 나트 씨는 왜 이사를 하고 싶어 해요?
- 나트 씨는 어떤 집으로 이사를 가고 싶어 해요?

나트	여보, 우리 식구도 늘었는데 좀 더 넓은 집으로 이사 가면 어때요?
석훈	이사요?
나트	네, 아이 짐도 늘었으니까 집이 좀 넓었으면 좋겠어요.
석훈	그렇지 않아도 나도 그런 생각을 하고 있었어요.
나트	그렇지요? 아이가 곧 어린이집에도 다닐 텐데 어린이집도 좀 가까웠으면 좋겠고요.
석훈	그런데 우리 아이가 너무 어린데 이사하는 날 아이를 어떻게 하지요?
나트	그럼 그날 하루만 어머니께 부탁드리면 어때요?
석훈	좋아요. 그럼 우리 집을 한번 알아봅시다.

발음 Track 06-3 

- 그렇지 않아도[그러치아나도]
- 가까웠으면 좋겠고요 [가까워쓰면조켇꼬요]

 식구 □ 짐 □ 어리다 □ 부탁드리다

대화해 봅시다

사람1 • 자신이 원하는 집에 대해 이야기하세요.

사람2 • 상대방의 이야기를 듣고 걱정되는 부분에 대해 의견을 말하세요.

	사람1		사람2
	상황	소망	걱정
1	아기가 생겼다	• 집이 더 넓다 • 어린이집이 가깝다	• 아기가 어려서 이사가 힘들다
2	집이 좁다	• 방이 하나 더 있다 • 집 근처에 공원도 있다	• 월세가 조금 더 비싸다 • 겨울에 난방비도 더 들다
3	직장이 멀어서 출퇴근이 힘들다	• 회사 가까운 곳에서 살다 • 집에서 마트가 가깝다	• 회사 근처는 집값이 비싸서 더 작은 집으로 가야 하다 • 지금보다 더 많이 걸어야 하다
4			

표현

소망을 이야기할 때

- 이사 갔으면 좋겠어요.
- 이사 가고 싶어요.
- 이사 가는 게 어때요?
- 집이 더 넓었으면 좋겠어요.
- 가까운 곳에 마트도 있었으면 좋겠어요.

걱정스러움을 표현할 때

- 힘들 텐데 괜찮을까요?
- 힘들 텐데 괜찮겠어요?
- 힘들 텐데요.
- 아이가 너무 어려서 힘들 텐데 괜찮겠어요?

들어 봅시다

나트 부부가 시댁에 갔습니다. 다음을 잘 듣고 질문에 답하세요. Track 06-4

1. 오늘은 무슨 날이에요?
   ① 설날　　② 추석　　③ 시누이 생일　　④ 시부모님 생신

2. 가족들의 새해 소망은 뭐예요? 알맞게 연결하세요.
   ① 나트 •　　• 졸업 후에 원하는 직장에 취직하고 싶어요.
   ② 석훈 •　　• 아내가 한국 국적을 빨리 취득했으면 좋겠어요.
   ③ 시누이 •　　• 아이하고 같이 고향 부모님을 만나고 싶어요.

3. 다음 중 맞지 않는 것을 고르세요.
   ① 나트의 시누이는 올해 졸업을 해요.
   ② 나트는 올해 이미 한국 국적을 취득했어요.
   ③ 나트의 부모님은 아직 나트의 아기를 본 적이 없어요.
   ④ 시부모님의 새해 소망은 가족들이 건강하고 행복한 것이에요.

읽어 봅시다

다음을 읽고 질문에 답하세요.

근하신년

올해도 나트 씨의 아이들이
항상 행복했으면 좋겠습니다.
올해도 나트 씨의 부모님께서
모두 건강하셨으면 좋겠습니다.
올해도 나트 씨 남편 분의
하시는 일이 잘됐으면 좋겠습니다.
올해도 나트 씨의 이런 ㉠ ________이/가 모두
이루어졌으면 좋겠습니다.
새해 복 많이 받으세요.

1. 이것은 뭐예요?
   ① 연하장
   ② 생일 카드
   ③ 결혼식 청첩장
   ④ 크리스마스 카드

2. ㉠에 들어갈 단어는 뭐예요?
   ① 복　　② 결심
   ③ 소망　　④ 후회

도전

1 여러분은 가족과 이웃에게 카드를 보내 본 적이 있어요? 다음은 언제 보내는 카드예요?

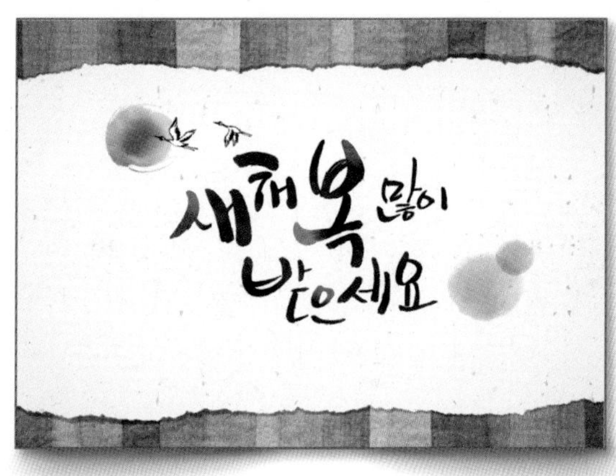

소원 성취
새해에는 하시는 일 모두
성취하시고 기쁨과 행복이 함께하길 기원합니다.

2 여러분의 가족과 친척들에게 새해 카드를 쓰세요.

문화를 알아봅시다

한국에서 이렇게 살고 싶어요

여러분은 어떤 꿈을 가지고 있어요?

여러분은 꼭 이루고 싶은 꿈이 있어요? 그 꿈은 뭐예요? 세계 여행? 통역사? 고향에 있는 가족 초대하기? 그 꿈을 적어 본 적이 있어요? 꼭 이루고 싶은 꿈이 있다면 마음속에만 담아 두지 말고 한번 적어 보세요. 적는 것은 바로 자신과 약속을 하는 거예요.

갖고 싶은 것

- 멋진 차 사기
- 예쁜 집 사기
- 한국 국적 갖기

가 보고 싶은 곳

- 해외여행하기
- 고향에 자주 가기
- 제주도 여행하기

배우고 싶은 것

- 한국어 배우기
- 기타/피아노 배우기
- 요리 배우기
- 통역 공부하기

성취하고 싶은 것

- 좋아하는 연예인 만나기
- 좋은 엄마 되기
- 부모님과 여행하기
- 한국 사람처럼 말하기

여러분이 이루고 싶은 꿈을 적어 보세요.

번호	작성일	목표	목표 기한	달성 연도
1	2018. 1. 1.	한국어 토픽 시험 4급 합격하기	1년	2019년
2				
3				
4				

동영상을 봅시다
1
아파트
2
빌라
9
8
부동산 계약서

7

이 집은 남향인데다가 교통도 편리해요.

여러분은 어떤 집에 살고 있어요?

어떤 집에 살고 싶어요?

여러분은 집을 구할 때 뭘 제일 중요하게 생각해요?

따라 하세요

Track 07-1 

- 전세를 찾으세요? 월세를 찾으세요?
- 그 집은 가격이 어떻게 돼요?
- 월세는 40만 원 정도면 좋겠어요.

❶ 아파트 ❷ 빌라 ❸ 단독 주택 ❹ 원룸
❺ 전세 ❻ 월세 ❼ 매매 ❽ 부동산 계약서
❾ 도면 ❿ 부동산 앱

준비❶ –아/어 가지고

예문

- 너무 비싸 가지고 못 샀어요.
- 아이가 밥을 안 먹어 가지고 걱정이에요.

형태

–아 가지고	–어 가지고	–해 가지고
사 가지고	먹어 가지고	일해 가지고
좋아 가지고	멀어 가지고	불편해 가지고

활용 왜 이사하고 싶은지 이야기해 보세요.

회사가 멀다 / 학군이 안 좋다 / 공기가 나쁘다
주차가 불편하다 / 교통이 불편하다 / 월세가 너무 비싸다

가: 왜 이사하려고 해요?

나: 회사가 너무 멀어 가지고 회사 가까운 곳으로 이사하고 싶어요.

-(으)ㄴ/는 만큼

이 집이 마음에 드는데
많이 비싸요?
네, 집이 넓은 만큼
값이 좀 비싸요.

예문

- 지금까지 날마다 열심히 공부한 만큼 시험 결과도 좋을 거예요.
- 이 집은 좋은 만큼 좀 비싸요.

형태

-ㄴ 만큼	-은 만큼	-는 만큼
비싼 만큼	좋은 만큼	배우는 만큼
큰 만큼	넓은 만큼	먹는 만큼

-ㄴ 만큼	-은 만큼	-(으)ㄹ 만큼
공부한 만큼	읽은 만큼	일할 만큼
*산 만큼	*들은 만큼	먹을 만큼

활용 지금 사는 집이 어떤지 이야기해 보세요.

비싸다 / 매일 청소하다 / 식구가 많다 / 산 옆에 있다 / 지하철역이 가깝다

아파트가 아니다 / 교통이 안 좋다 / 주차장이 넓다 / 주변에 시장이 있다

집이 넓다 / 깨끗하다 / 방이 많다 / 공기가 좋다 / 살기 편하다

아이들이 뛸 수 있다 / 집값이 안 비싸다 / 주차가 편하다 / 장을 보기가 쉽다

가: 지금 사는 집이 어때요?
나: 산 옆에 있는 만큼 공기가 좋아요.
가: 아, 공기가 좋아서 좋겠어요.

준비❸ -(으)ㄴ/는 데다가

예문

- 그 식당은 음식도 맛있는 데다가 가격도 적당해요.
- 이 집은 넓은 데다가 지하철역도 가까워서 가격이 조금 비싸요.

형태

-ㄴ 데다가	-은 데다가	-는 데다가
큰 데다가	작은 데다가	가는 데다가
비싼 데다가	많은 데다가	먹는 데다가

철수 씨 동생은 뭘 잘해요?
제 동생은 노래도 잘하는 데다가 춤도 잘 춰요.

활용 여러분 가족이나 친구들을 소개해 보세요.

가: 제 동생은 춤도 잘 추는 데다가 노래도 잘해요.

나: 우리 남편은 베트남어도 잘하는 데다가 요리도 잘해요.

부동산 중개소에서 집 구하기

과제

Track 07-2

동영상을 봅시다 자가 씨가 부동산에 가서 집을 구합니다.

자가 씨는 왜 부동산에 갔어요?

자가 씨는 어떤 집을 찾고 있어요?

직원 어서 오세요. 어떻게 오셨어요?

자가 빌라를 좀 알아보려고 왔는데요.

직원 아, 그래요? 전세를 찾으세요? 월세를 찾으세요?

자가 월세였으면 좋겠어요.

직원 새로 지은 빌라가 있는데 한번 보실래요? 남향인 데다가 교통도 편리해요.

자가 그 집은 가격이 어떻게 돼요?

직원 보증금 1억 원에 월세가 50만 원이에요. 방은 두 칸이고 새 빌라인 만큼 아주 깨끗해요.

자가 제가 돈이 많지 않아 가지고 월세는 40만 원 정도면 좋겠어요.

직원 일단 집을 먼저 보고 월세는 집주인하고 한번 이야기해 보세요.

- 월세[월쎄]
- 많지[만치]

☐ 짓다 ☐ 남향 ☐ 보증금 ☐ 칸 ☐ 집주인

대화해 봅시다

사람1 • 손님입니다. 찾는 집을 설명하고 집을 구하세요.

사람2 • 부동산 중개인입니다. 손님이 찾는 조건에 맞는 집을 권유하세요.

	사람1		사람2	
	찾는 집	바라는 점	권하는 집	좋은 점
1	빌라 (월세)	월세가 좀 싸다	새로 지은 빌라	남향이다, 교통도 편리하다
2	아파트 (전세)	화장실이 두 개이다	역에서 가까운 아파트	교통이 편리하다, 학군도 좋다
3	원룸 (월세)	집 주변이 조용하다	전망이 좋은 원룸	조용하다, 공기도 좋다
4				

표현

집을 구할 때	집을 권유할 때
• 빌라 전세 좀 보려고 왔는데요.	• 새로 지은 빌라가 있는데 한번 보실래요?
• 아파트 전세 있어요?	• 전세는 없고 반전세가 있어요.
• 조용한 원룸을 구하고 있는데요.	• 이 집은 조용한 데다가 공기도 좋아요.
• 방이 두 칸이면 좋겠어요.	• 원룸은 많은데 방 두 칸짜리는 별로 없어요.

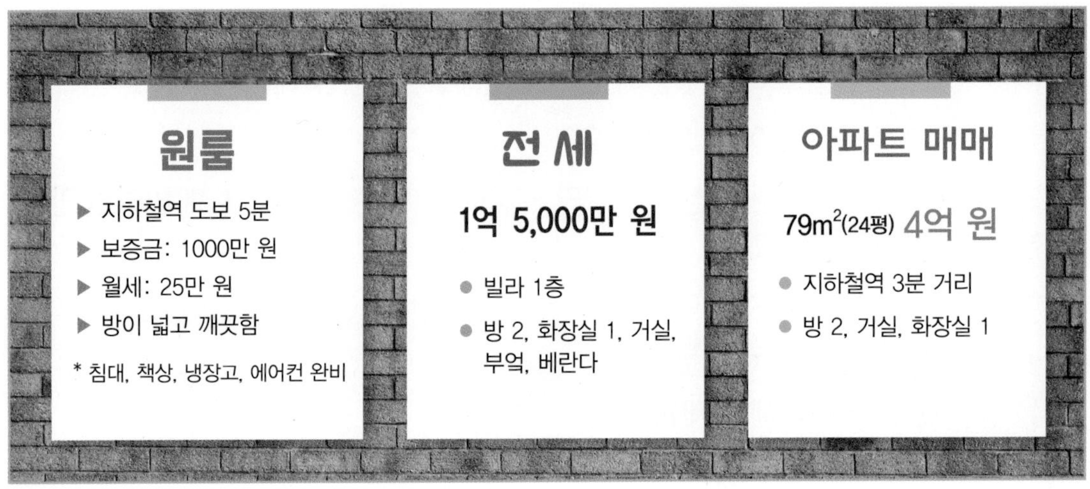

원룸
▶ 지하철역 도보 5분
▶ 보증금: 1000만 원
▶ 월세: 25만 원
▶ 방이 넓고 깨끗함
* 침대, 책상, 냉장고, 에어컨 완비
전 세
1억 5,000만 원
● 빌라 1층
● 방 2, 화장실 1, 거실, 부엌, 베란다
아파트 매매
79m²(24평) 4억 원
● 지하철역 3분 거리
● 방 2, 거실, 화장실 1

 들어 봅시다

두 사람이 이사 문제에 대해서 이야기합니다. 다음을 잘 듣고 질문에 답하세요. Track 07-4 

1. 여자는 왜 이사하려고 해요?

____

2. 다음 중 맞는 것을 고르세요.

① 남자는 기숙사로 이사하고 싶어요.
② 여자는 새로 지은 원룸을 찾고 있어요.
③ 기숙사비는 비싸지만 가까워서 편해요.
④ 여자는 회사에서 가까운 곳으로 이사하고 싶어요.

 읽어 봅시다

다음은 집 도면입니다. 집 도면을 보고 질문에 답하세요.

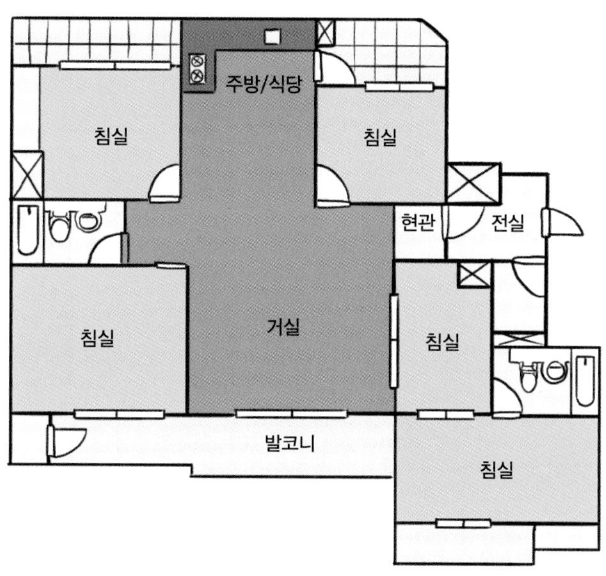

1. 이 집은 방이 몇 칸이에요? ______________

2. 맞으면 ○, 틀리면 × 하세요.

① 이 집은 베란다가 없어요. ( )
② 이 집은 화장실이 두 개 있어요. ( )

도전

1 여러분은 어떤 집에 살고 있어요? 살고 있는 집이나 살고 싶은 집의 도면을 그리고 발표하세요.

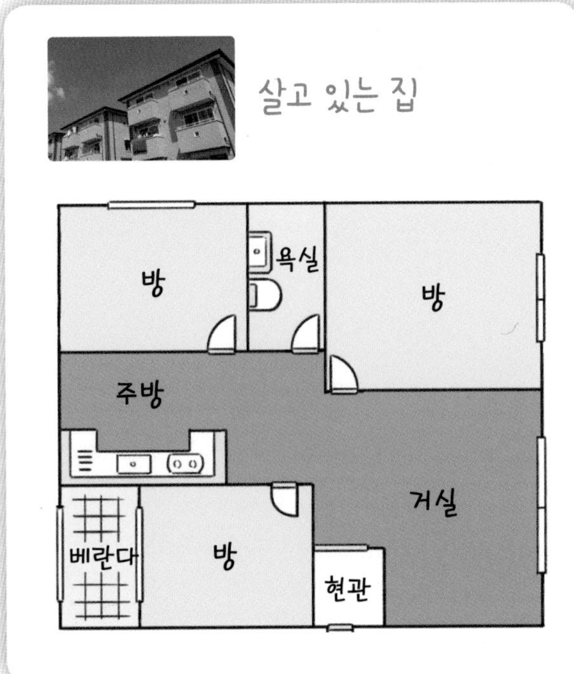

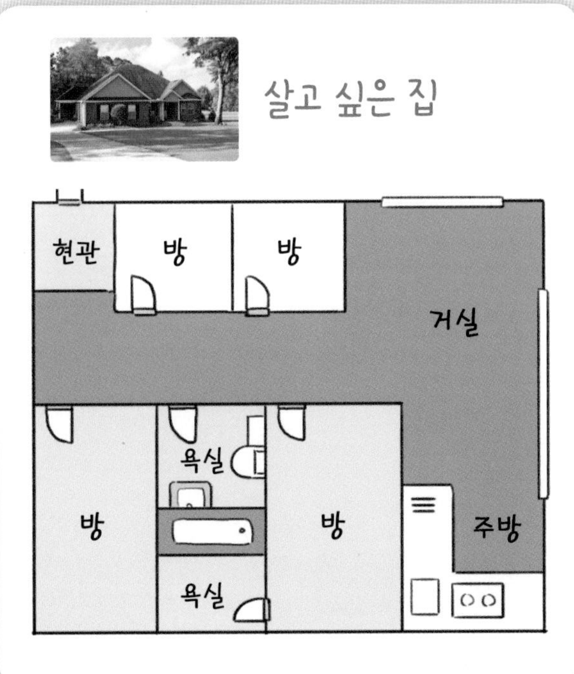

저는 빌라에서 친구 세 명과 함께 살고 있습니다. 우리는 월세를 나누어 냅니다. 혼자 살 때보다 월세를 적게 내기 때문에 좋습니다. 친구들과 같이 사니까 외롭지 않고 조금 더 넓은 집에서 살 수 있어서 좋습니다.

우리 빌라는 넓지 않지만 밝고 깨끗합니다. 교통도 편리한 데다가 월세도 비싸지 않아서 마음에 듭니다. 방이 3개 있고 화장실과 부엌, 작은 베란다도 있습니다.

여러 명이 같이 사는 만큼 불편한 점도 조금 있지만 친구들이 있어서 외롭지 않고 밤에도 무섭지 않습니다.

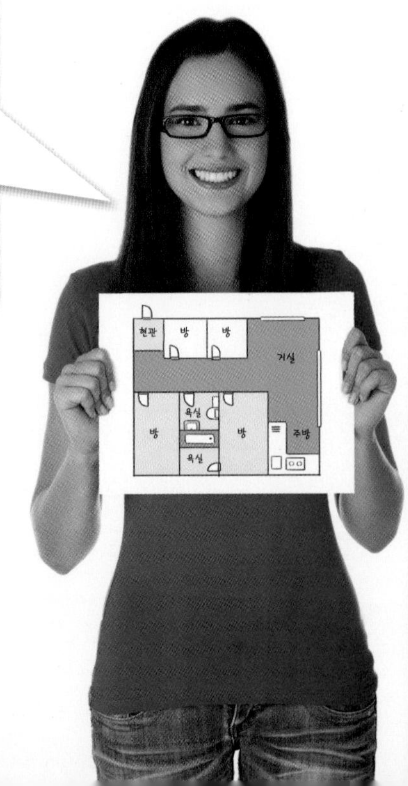

문화를 알아봅시다

부모님과 다 같이 살아요?

여러분은 지금 누구와 함께 살고 있어요?

한국은 저출산 고령화 현상과 늦은 결혼 및 이혼율 증가 등 여러 가지 이유로 가족 형태가 빠른 속도로 변화하고 있어요. 또 전통적인 확대 가족에서 핵가족과 1인 가구로 변화하면서 가족 수도 점점 줄어들고 있어요.

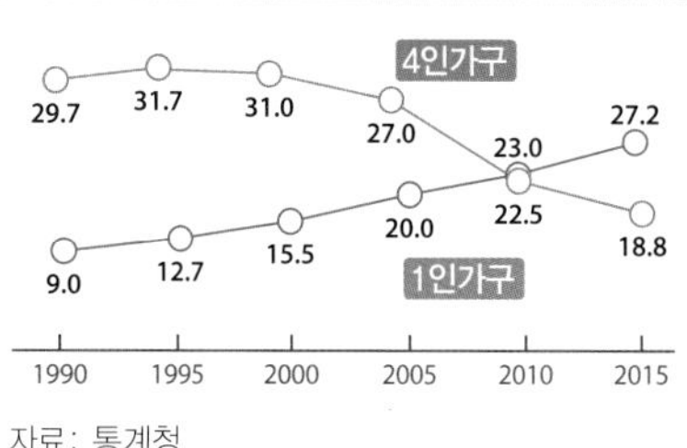

자료: 통계청

예전에는

예전에는 확대 가족이 많았어요. 확대 가족은 3대가 함께 사는 가족을 말해요. 결혼한 부부가 자녀와 함께 부모님을 모시고 살았어요. 남자는 주로 바깥일을 하고 여자는 주로 집안일을 했어요. 할아버지와 할머니가 집안의 중심이 되어 여러 가지 일들을 결정했어요. 아이부터 할머니, 할아버지가 함께 살았기 때문에 가족의 따뜻한 정을 느낄 수 있었어요.

지금은

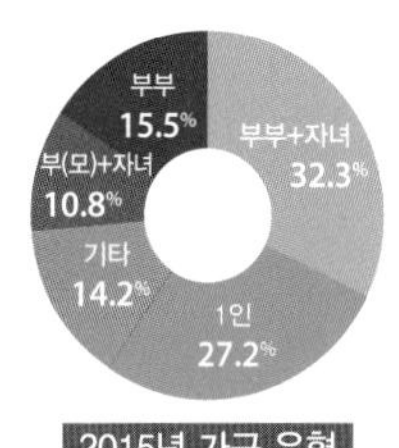

2015년 가구 유형

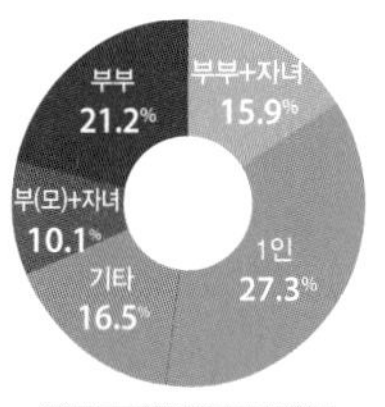

2045년 가구 유형

지금은 핵가족과 혼자 사는 1인 가구가 많아요. 핵가족은 부부, 부부와 자녀 혹은 모(부)와 자녀로 구성된 가족을 말해요. 산업화, 도시화의 영향으로 취업과 교육을 위해 도시로 이사하면서 핵가족이 많아졌어요. 가족의 형태도 한부모 가족, 조손 가족, 비혼 가구 등으로 다양해졌어요.

여러분의 고향 집에는 누가 살고 있어요?

	고향에 있는 가족
나	
친구	

동영상을 봅시다
3
4
5
6

화장실 타일이 많이 깨져 있어요.

여러분은 집을 고쳐 본 적이 있어요?

무엇이 고장 났어요?

어떻게 고쳤어요?

따라 하세요

Track 08-1 

- 어제 본 집은 마음에 드세요?
- 배수구가 막혀서 물이 잘 안 내려가더라고요.
- 그러니까 아무 때나 괜찮습니다.

❶ 세면대 ❷ 샤워기 ❸ 수납장 ❹ 변기
❺ 거울 ❻ 타일 ❼ 보일러 ❽ 수리 기사

준비❶ 피동

지난주 가게에서 보석을
훔친 범인이 잡혔습니다.
보석상 범인 검거

예문

- 글씨가 잘 안 보여요.
- 바람 때문에 문이 닫혔어요.

형태

-이-	-히-	-리-	-기-
보이다	먹히다	팔리다	안기다
쌓이다	닫히다	열리다	끊기다

활용 아침에 무슨 일이 있었는지 친구에게 이야기해 주세요.

끊기다 물리다 쫓기다 치이다 잡히다 찢기다

가: 무슨 일 있었어요? 얼굴색이 안 좋아 보여요.

나: 아침에 산책을 하고 있었어요. 그런데 앞에 가던 개의 목줄이 끊겼어요.

-아/어지다 2

준비 ❷

예문

- 달걀이 깨졌어요.
- 커피가 옷에 쏟아졌어요.

형태

-아지다	-어지다	해지다
쏟아지다	끊어지다	전해지다
막아지다	찢어지다	정해지다

활용 부부에게 무슨 일이 있었는지 이야기해 보세요.

찢어지다　깨지다　쏟아지다　끊어지다　부러지다

가: 여보, 괜찮아요? 무슨 일 있었어요?

나: 애 때문에 핸드폰이 깨졌어요.

준비③ –아/어 있다

예문

- 자전거가 집 앞에 세워져 있어요.
- 아이들이 교실에 앉아 있어요.

형태

–아 있다	–어 있다	–해 있다
앉아 있다	꺼져 있다	도착해 있다
와 있다	걸려 있다	입원해 있다

나갈 때 꼭 선풍기 좀 끄세요. 들어오니까 선풍기가 또 켜져 있더라고요.
네, 알았어요.

활용 다음은 사만나의 방입니다. 방의 모습에 대해 자세히 이야기하세요.

걸리다 놓이다 들다 닫히다 꽂히다 떨어지다
깔리다 켜지다 꺼지다 붙다 내려지다

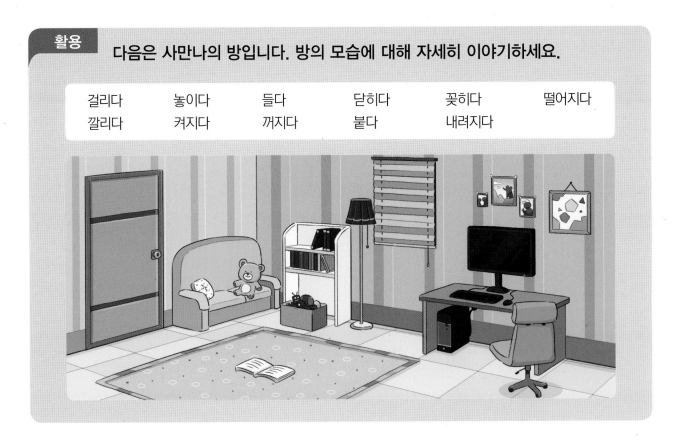

가: 벽에 그림이 걸려 있어요.

집수리 요청하기 과제

Track 08-2

동영상을 봅시다 나트 씨와 석훈 씨가 부동산 계약을 하기 전에 집수리에 대해 이야기합니다.

- 나트 씨와 석훈 씨는 무엇을 하고 있어요?
- 나트 씨와 석훈 씨는 무엇을 수리하고 싶어 해요?

부동산 중개인 오셨군요. 어제 본 집은 마음에 드세요?

나트 네, 마음에 들어요. 하지만 집주인이 몇 가지 좀 고쳐 주셨으면 좋겠어요.

부동산 중개인 네, 말씀해 보세요. 제가 집주인에게 이야기해 보겠습니다.

석훈 화장실 수리를 좀 해 주셨으면 좋겠어요. 화장실에 타일이 많이 깨져 있고, 배수구가 막혀서 물이 잘 안 내려가더라고요.

나트 그리고 수납장 문도 잘 안 닫히더라고요. 그것도 좀 고쳐 주셨으면 해요.

부동산 중개인 네, 그건 제가 집주인에게 이야기해 볼게요. 아마 해 줄 거예요. 그런데 이사는 언제쯤 하실 수 있으세요?

석훈 저희 집은 이미 나갔어요. 그러니까 아무 때나 괜찮습니다.

부동산 중개인 그럼 제가 집주인과 상의한 후에 계약 날짜를 알려 드리겠습니다.

발음 Track 08-3

- 집주인[집쭈인]
- 몇 가지[멷까지]
- 수납장[수납짱]

☐ 수리하다 ☐ 타일 ☐ 깨지다 ☐ 배수구 ☐ 막히다
☐ 수납장 ☐ (집이) 나가다 ☐ 상의하다 ☐ 계약

대화해 봅시다

사람1 • 계약 전에 집수리를 요청합니다. 무엇을 고쳐야 하는지 요청하세요. 그리고 언제 이사할 수 있는지 이야기하세요.

사람2 • 부동산 중개인입니다. 손님이 집주인에게 집수리를 요청합니다. 요구 조건이 무엇인지 잘 들으세요. 그리고 이사 가능한 날짜를 물어보세요.

싱크대 수납장 문 / 싱크대 배수구 / 싱크대 손잡이 / 창문 / 커튼 / 싱크대 벽타일 / 가스레인지

거실 전등 / 스위치 / 벽지 / 방충망 / 창문

거울 / 변기 / 욕조 / 바닥 타일 / 세면대

표현

집수리를 요청할 때	손님과 집주인을 중개할 때
• 집주인이 몇 가지 좀 고쳐 주셨으면 좋겠어요. • 집주인께 몇 가지 좀 고쳐 달라고 부탁하고 싶어요. • 집주인께 수리 좀 해 달라고 전해 주시겠어요? • 방충망이 많이 찢어져 있어요. 그것도 좀 고쳐 주셨으면 좋겠어요.	• 그건 제가 집주인에게 이야기해 볼게요. • 제가 집주인에게 이야기해 보겠습니다. • 제가 집주인과 상의한 후에 연락드리겠습니다.

들어 봅시다

엔젤 씨가 집주인한테 전화를 합니다. 다음을 잘 듣고 질문에 답하세요. Track 08-4

1. 엔젤 씨의 집에는 무슨 문제가 있어요?

1) 보일러: ______________________ 2) 화장실: ______________________

2. 맞으면 ○, 틀리면 × 하세요.

1) 보일러가 오늘 고장 났어요. ( )
2) 엔젤은 한대빌라 103호에 살고 있어요. ( )
3) 집주인은 오늘 오후에 엔젤 씨의 집에 갈 거예요. ( )

읽어 봅시다

인터넷 수리 상담 내용입니다. 다음을 읽고 질문에 답하세요.

제목	보일러를 켜도 온수가 잘 나오지 않습니다.		
제품	보일러		
날짜	2019. 1. 23.	조회수	12

이메일 상담
제품에 대해 궁금하신 사항을 답변해 드립니다.

고객 문의 내용

날씨는 추운데 보일러를 켜도 온수가 잘 나오지 않아요. 2년 전에 이사 왔을 때 보일러를 새 것으로 교체했다고 했는데 얼마 전부터 온수가 점점 약하게 나오더니 며칠 전부터는 아예 온수가 나오지 않아요. 어떻게 해야 하죠? 집에 씻겨야 하는 어린아이도 있는데요.

답변 내용

안녕하세요. 고객님
○○ 보일러 서비스 센터 담당자입니다.
사용 중에 불편을 드려서 죄송합니다.

아마 보일러의 부품 하나가 오래돼서 문제가 생긴 것 같습니다. 아마 2년 전에 교체할 때 그 부품은 교체하지 않은 것 같습니다. 아무래도 출장 서비스를 받으시는 게 좋을 것 같습니다. 부품을 교체하게 될 경우 출장 비용은 무료지만 부품 비용은 고객님께서 내셔야 합니다. 보일러 출장 서비스는 고객 센터 ☎1577-2322 또는 인터넷 홈페이지 http://seddr.co.kt로 신청할 수 있습니다. 서비스를 신청하시면 원하는 날짜와 시간에 기사님이 고객님 댁을 방문해서 점검을 해 드리도록 하겠습니다.
감사합니다.

1. 맞으면 ○, 틀리면 × 하세요.

1) 출장 서비스는 모두 비용을 내야 해요. ( )
2) 출장 서비스는 전화나 인터넷 홈페이지로 신청할 수 있어요. ( )
3) 보일러가 오래되고 보일러 안에 먼지가 쌓여서 문제가 생겼습니다. ( )

도전

1 여러분이 지금 살고 있는 집에 어떤 것이 고장 나거나 문제가 생긴 적이 있어요? 어떻게 했어요?

2 집에 문제가 생겼습니다. 인터넷으로 수리 신청을 하십시오.

<table>
<tr><td>고장 내용</td><td colspan="4"></td></tr>
<tr><td>출장 서비스</td><td>원하는 날짜</td><td>년 월 일</td><td>시간</td><td>시 분</td></tr>
<tr><td>이름</td><td colspan="2"></td><td>연락처</td><td></td></tr>
<tr><td>주소</td><td colspan="4"></td></tr>
</table>

문화를 알아봅시다

포장 이사를 하려고 해요

여러분은 한국에서 이사를 한 적이 있어요? 어떻게 했어요?

한국 사람들은 이사를 봄철인 3~5월, 그리고 가을철인 9~10월에 많이 해요. 그래서 이 시기를 이사철이라고도 해요. 이사를 하게 되면 일반 이사를 할 것인지, 포장 이사를 할 것인지 결정해요. 일반 이사는 이삿짐 회사에서 짐만 옮겨 줘요. 포장 이사는 말 그대로 이삿짐 회사에서 포장을 해서 옮긴 다음에 정리하는 것까지 모두 해 줘요.

예전에는

가족과 친구, 친척들이 이사를 도왔어요. 또 이사는 삶의 터전을 옮기는 중요한 날이기 때문에 이사하는 날을 굉장히 중요하게 여겼어요. 그래서 무슨 일을 해도 해가 없다는 '손 없는 날'을 골라서 이사를 했어요. 그리고 이사를 한 후에는 이웃에 시루떡을 돌리면서 이사 온 것을 알렸어요.

지금은

바쁜 일상과 업무, 집안의 일손 부족, 또 고층 아파트가 많이 생기면서 포장 이사를 많이 해요. 특히, 아파트에 사는 사람들은 70% 이상이 포장 이사를 해요. 포장 이사는 비용이 많이 들기는 하지만 편리함 때문에 이용하는 사람들이 더 늘어나고 있어요. 이삿짐 회사를 고를 때는 보험에 가입한 허가 업체인지, 이사를 한 후에는 물건이 파손되거나 흠집이 없는지를 꼭 확인해야 해요.

요즘은 이사를 해도 이웃끼리 인사를 하거나 떡을 돌리는 일이 점점 사라져 가고 있어요. '떡 돌리기'에는 사람들의 인정이 담겨 있을 뿐만 아니라 이웃과 소통을 시작함을 알리는 의미가 있어요. 이런 아름다운 전통문화는 오래 남아 있어도 좋은 한국만의 문화가 아닐까요?

여러분의 나라에서는 이사할 때 어떤 풍습이 있었어요? 지금은 어때요?

한국	나	친구
• 이사한 후에 떡을 돌렸어요. • 이사한 후에 집들이를 해요. • 이사한 날에 짜장면을 시켜서 먹어요.		

동영상을 봅시다
2
9
1
8

요리를 하느라고 소리를 못 들었어요.

여러분은 지금 아파트에 살아요?

아파트에 살면 무엇이 좋아요?
무엇이 안 좋아요?

여러분의 윗집에 사는 사람이 시끄럽게 한 적이 있어요?

따라 하세요

Track 9-1

- 아랫집 사람인데요.
- 조금만 조용히 해 주시겠어요?
- 다시는 이런 일이 없도록 하겠습니다.

❶ 현관 ❷ 현관문 ❸ 천장 ❹ 소음
❺ 소화기 ❻ 가스레인지 ❼ 전자레인지 ❽ 실내화
❾ 초인종

준비❶ -느라고

예문

- 요즘 시험공부를 하느라고 운동을 못 해요.
- 핸드폰을 찾느라고 여기저기 다녔어요.

형태

-느라고
숙제하느라고
찾느라고

요즘 왜 그렇게 바빠요?
이사 준비를 하느라고 정신이 없어요.

활용 어떤 일에 대한 이유를 말해 보세요.

결과에 대한 이유		결과
늦잠을 자다	→	수업에 늦다
아파서 병원에 가다	→	어제 결석하다
아르바이트를 하다	→	요즘 바쁘다
주방에서 요리하다	→	초인종 소리를 못 들었다
중요한 회의를 하다	→	전화를 못 받았다

가: **왜 수업에 늦었어요?**
나: **늦잠을 자느라고 수업에 늦었어요.**

치고

예문

- 농구 선수치고 키가 작은 사람은 별로 없어요.
- 한국 사람치고 김치를 안 좋아하는 사람이 없어요.

형태

치고
운동선수치고
모델치고

활용 어떤 사람에 대한 일반적인 생각에 대해 이야기해 보세요.

사람	일반적인 생각	반대되는 생각
씨름 선수	보통 힘이 세다	힘이 약하다
한국 사람	불고기를 좋아하다	불고기를 싫어하다
가수	노래를 잘하다	노래를 못하다
아이	시끄럽게 뛰면서 놀다	얌전히 가만히 있다

가: **씨름 선수는 보통 힘이 세지요?**

나: **그럼요, 씨름 선수치고 힘이 약한 사람은 없지요.**

준비 3 -(으)ㄴ/는 대신에

예문

- 선물을 사는 대신에 여행을 보내 드렸어요.
- 감기약을 먹는 대신에 푹 쉬는 게 좋겠어요

형태

-ㄴ 대신에
비싼 대신에
바쁜 대신에
-(으)ㄴ 대신에
좋은 대신에
*어두운 대신에
-는 대신에
사는 대신에
먹는 대신에

ㅇㅇ 서점
계 산
도서 대출 · 반납
그 책 새로 산 거예요?
아니요, 저는 책을 사는 대신에 동네 도서관에서 빌려서 읽어요.

활용 **어떤 일을 하는 방법에는 여러 가지가 있습니다. 여러 가지 방법 중에 여러분은 어떤 것을 했습니까? 이야기해 보세요.**

강의를 신청하러 센터에 직접 가다	×	전화로 신청하다	○
극장에 가서 영화를 보다	×	인터넷으로 집에서 보다	○
점심에 밥을 먹다	×	샌드위치를 먹다	○
그 사람과 직접 만나서 회의를 하다	×	화상 회의를 하다	○

가: **강의를 신청하러 센터에 직접 갔어요?**
나: **아니요, 센터에 가는 대신에 전화로 신청했어요.**

사정을 말하고 사과하기

과제

Track 09-2

동영상을 봅시다 엔젤 씨가 아랫집 이웃과 이야기합니다.

엔젤 씨는 누구와 이야기해요?

엔젤 씨 집에 누가 왔어요? 그 사람은 왜 왔어요?

(초인종 소리)

엔젤 누구세요?

이웃 안녕하세요? 아랫집 사람인데요. 아이들이 시끄럽게 뛰는 소리가 너무 크게 들려서요.

엔젤 아, 그랬군요. 너무 죄송합니다. 딸이 오늘 생일이라서 친구들이 놀러 왔거든요.

이웃 그러세요? 아이들치고 조용히 노는 아이들은 없지요. 그렇지만 저도 어린 아기가 있어서요. 아기가 자야 하는 시간이거든요. 조금만 조용히 해 주시겠어요?

엔젤 네. 제가 요리를 하느라고 아이들이 시끄럽게 뛰는 소리를 못 들었어요. 다시는 이런 일이 없도록 하겠습니다. 너무 죄송해요.

이웃 아니에요. 그럼 잘 부탁드려요.

발음 Track 09-3

- 아랫집[아래찝]
- 이런 일이[이런니리]

☐ 아랫집 ☐ 뛰다

대화해 봅시다

사람1 • 상대의 잘못한 점을 이야기하고 요구하고 싶은 것을 말하세요.

사람2 • 상대에게 자신의 사정을 이야기하면서 사과하세요.

	사람1	사람2	
	상대의 잘못	이유 또는 사과	
1	• 시끄럽게 뛰는 소리가 들리다 • 아이들 / 조용히 놀지 않는다	딸 생일 / 친구들이 놀러 오다 요리하다 / 아이들이 뛰는 소리를 못 듣다	
2	• 밤늦게 피아노 소리가 들리다 • 아파트 / 방음이 완벽하지 않다	내일 대회 / 피아노 연습하다 샤워하다 / 피아노 소리를 못 듣다	
3	• 밤늦게 청소기를 돌리는 소리가 들리다 • 집들이 / 일찍 끝나지 않다	집들이 / 손님들이 놀러 오다 청소하다 / 늦은 밤인지 모르다	
4			

표현

상대의 잘못을 말할 때	사정을 말하고 사과할 때
• 죄송하지만 시끄럽게 뛰는 소리가 들려서요. • 그렇게 시끄럽게 하시면 어떡해요? • 밤이 늦었으니까 조용히 좀 해 주시겠어요? • 뛰는 소리가 너무 시끄러워서 잠을 못 자겠네요.	• 요리를 하느라고 시끄러운 소리를 듣지 못했어요. • 조심하겠습니다. 다음부터는 이런 일이 없도록 하겠습니다. • 다시는 시끄럽게 안 할게요. • 조용히 시킬게요. • 불편을 끼쳐 드려서 너무 죄송합니다.

들어 봅시다

아미르 씨가 김석훈 씨와 전화로 이야기합니다. 다음을 잘 듣고 답하세요. Track 09-4

1. 아미르는 지금 어디에 있어요?

① 집 ② 병원 ③ 회사

2. 다음 중 맞는 것을 고르세요.

① 아미르 씨는 회의에 참석하지 않아요.
② 아미르 씨는 회의에 조금 늦을 거예요.
③ 아미르 씨는 지금 회의를 하고 있어요.

읽어 봅시다

엔젤 씨가 이웃집에 쓴 메모입니다. 다음을 읽고 질문에 답하세요.

안녕하세요? 윗집에 사는 사만나 엄마입니다.

어제는 너무 시끄러워서 놀라셨지요? 저희 딸은 아이치고 조용히 노는 편인데 어제는 딸 친구들이 놀러 왔어요. 저는 아이들 음식을 만드느라고 그렇게 소음이 심한 줄 몰랐습니다. 정말 죄송합니다.

어제 불편을 끼친 대신에 별거 아니지만 제가 직접 만든 쿠키를 문 앞에 두고 갑니다. 가족 분들과 같이 맛있게 드시면 좋겠습니다. 다음부터는 시끄럽게 하지 않도록 아이를 조심시키겠습니다. 어제는 너무 죄송했습니다.

1. 엔젤 씨는 왜 쿠키를 문 앞에 놓고 갔어요?

____

2. 맞으면 ○, 틀리면 × 하세요.

1) 어제는 엔젤 씨 딸의 생일이었어요. ( )
2) 엔젤 씨는 이웃에게 사과하기 위해 편지를 썼어요. ( )

도전

1 사람들의 일반적인 생각(또는 편견)과 다른 예를 찾아봅시다. 각자 찾은 예를 친구들과 이야기하고 쓰세요.

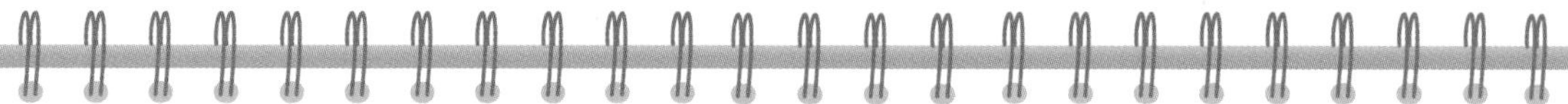

사람들의 생각(또는 편견)	반대의 예
"아이들은 독서보다 게임을 좋아한다."	민수 / 책 읽는 것을 좋아하다
"농구 선수는 키가 크다."	
"부자들은 돈을 잘 쓴다."	
" 한국 사람은 다 매운 음식을 좋아한다."	
"어릴 때 외국어를 배우면 더 잘한다."	

예) 민수는 아이치고 게임을 좋아하지 않습니다.
민수는 게임을 하는 대신에 독서를 합니다.

문화를 알아봅시다

아이가 뛰어서 죄송합니다

여러분은 어디에 살아요? 이웃집에서 나는 시끄러운 소리 때문에 힘들었던 적이 있어요?

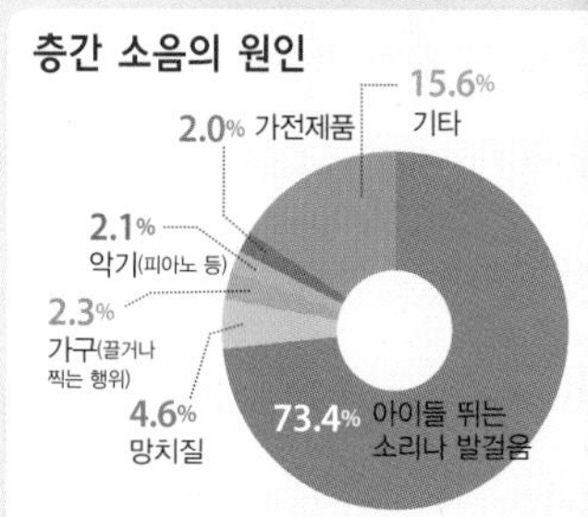

한국 사람들은 75%가 아파트 같은 공동 주택에 살아요. 그래서 층간 소음에 노출될 가능성이 높아요. 최근 아이들이 뛰는 소리, 가전제품(TV, 청소기, 세탁기 등) 소음, 가구를 끄는 소리 등의 소음 때문에 많은 사람들이 스트레스를 받고 이웃끼리 다투는 일이 많이 발생하고 있어요.

- 아이들에게 예절 교육을 시켜 주세요.
- 22시 이전에 아이들을 재워 주세요.
- 바닥에 매트를 깔아 주세요.

- 실내화를 착용해 주세요.

- 소음 방지용 패드를 붙여 주세요.

- 늦은 저녁과 이른 아침에는 사용을 참아 주세요.
(세탁기·청소기 등 가전제품은 9시~20시 사이에)

공동 주택은 여러 사람이 함께 살아가는 공간이에요. 무심코 한 행동이 이웃에게 소음이 되어 불쾌감을 줄 수도 있어요. 하지만 서로 조금씩 이웃을 배려한다면 층간 소음을 줄일 수 있어요.

※ 층간 소음 이웃사이센터(☎1661-2642)

여러분은 한국에서 이웃집에 항의를 하거나 받아 본 적이 있어요?

	항의 내용
나	분리수거를 잘 안 해서 옆집 할머니께 혼났어요.
친구	

동영상을 봅시다
2
3
자유통장
○○은행
1
청약예금
정기적금

한 달에 한 번씩 적금을 넣고 있어요.

여러분은 한국에서 통장을 만들었어요?

여러분은 은행에 자주 가요?

여러분은 요즘 어디에 돈을 많이 써요?

따라 하세요

Track 10-1 

- 시간 정말 빠르네요!
- 집주인이 또 전세금을 올려 달라고 할까봐 걱정이에요.
- 네? 청약 통장요? 그런 게 있어요?

❶ 통장 ❷ 내 집 마련 ❸ 진학 ❹ 해외여행
❺ 예금 ❻ 적금 ❼ 이자 ❽ 대출

준비❶ 씩

예문

- 이 약은 한 번에 두 개씩 드세요.
- 저는 건강을 위해서 하루에 30분씩 걷기 운동을 해요.

형태

씩
두 개씩
세 번씩

활용 여러분은 미래를 위해 경제적으로 어떤 준비를 하고 있는지 이야기해 보세요.

	상황	금액 / 한 달	하는 일
1	아이가 대학에 가다 / 학비를 내다	30만 원	적금을 넣다
2	차가 많이 낡았다 / 새 차를 사다	10만 원	돈을 모으다
3	집이 좁다 / 큰 집으로 이사 가다	20만 원	청약 통장에 넣다
4	어머님이 연세가 많다 / 병원비를 내다	15만 원	보험료를 내다
5	오래 고향에 못 갔다 / 고향에 가다	10만 원	여행 경비를 모으다

가: **웬 통장이에요?**

나: **우리 아이가 곧 대학에 가거든요. 대학교 학비를 내기 위해서 한 달에 30만 원씩 적금을 넣고 있어요.**

마다

무슨 짐을 싸고
있어요?
고향에 다녀오려고요. 우리
가족은 남편 휴가 때마다
저희 고향 집에 가거든요.

예문

- 저는 휴가 때마다 여행을 가요.
- 매주 수요일마다 재활용 쓰레기를 버려야 해요.

형태

마다
해마다
일요일마다

활용 여러분 가족은 일주일 동안 어떤 일을 해요?
다음 요일에 무슨 일을 하는지 이야기해 보세요.

	월	화	수	목	금	토
나		한국어 수업		한국어 수업		등산
남편 / 아내					축구 (저녁)	등산
아들 / 딸	수학 학원		수학 학원			
어머니 / 아버지	노인 대학			노인 대학		

저는 매주 화요일, 목요일마다 다문화가족지원센터에서 한국어 공부를 해요. 그리고 남편과 저는 주말마다 등산을 하러 가요. 그래서 요즘 건강이 많이 좋아졌어요.

준비③ -(으)ㄹ까 봐

예문

- 고향 부모님이 걱정하실까 봐 이야기 안 했어요.
- 길이 막혀서 약속 시간에 늦을까 봐 일찍 출발했어요.

형태

-ㄹ까 봐	-(으)ㄹ까 봐
잊어버릴까 봐	먹을까 봐
비쌀까 봐	작을까 봐

도로주행
내일이 운전면허 시험 날이지요?
네, 벌써 두 번 떨어졌는데 또 떨어질까 봐 걱정이에요.
운전 면허 응시표

활용 요즘 어떤 경제적인 문제에 대해 걱정하고 있는지 이야기해 보세요.

	상황	걱정
1	날씨가 추워지다	난방비가 많이 나오다
2	곧 집 계약 기간이 끝나다	집값이 또 오르다
3	아이가 곧 대학에 입학하다	대학교 학비가 비싸다
4	차가 너무 낡았다	수리비가 많이 들다
5	이번 명절에 고향에 가고 싶다	비행기표 값이 너무 비싸지다

가: 얼굴이 왜 그래요? 무슨 걱정 있어요?

나: 날씨가 많이 추워져서요. 난방비가 많이 나올까 봐 걱정이에요.

생활에 대한 조언 구하기

과제

Track 10-2

동영상을 봅시다 엔젤 씨가 유미 씨와 이야기합니다.

- 엔젤 씨와 유미 씨는 무엇에 대해 이야기해요?
- 엔젤 씨는 어떤 걱정이 있어요?

유미 엔젤 씨, 무슨 걱정 있어요?

엔젤 집 때문에요. 지금 전세로 살고 있는데 곧 계약 기간이 끝나거든요.

유미 벌써 그렇게 됐어요? 시간 정말 빠르네요!

엔젤 네, 집주인이 또 전세금을 올려 달라고 할까 봐 걱정이에요. 그리고 2년마다 이사하는 것도 너무 힘들고요. 어떻게 하면 좋을까요?

유미 엔젤 씨, 그럼 이번 기회에 청약 통장을 만드세요.

엔젤 네? 청약 통장요? 그런 게 있어요?

유미 네, 한 달에 한 번씩 적금처럼 돈을 넣으면 나중에 내 집을 마련하는 데 도움이 되는 통장이에요.

엔젤 그거 꼭 필요하겠네요! 오늘 저녁에 남편과 상의해 봐야겠어요.

발음 Track 10-3

- 계약 기간[계약끼간]
- 끝나거든요[끈나거든뇨]
- 집주인이[집쭈이니]

☐ 계약 기간 ☐ 전세금 ☐ 올리다 ☐ 청약 통장 ☐ 마련하다

대화해 봅시다

사람1 • 최근 생활에 대한 고민이 생겼습니다. 고민을 이웃에게 말하고 조언을 구하세요.

사람2 • 이웃 사람이 무슨 고민이 있는 것 같습니다. 그 고민을 듣고 좋은 방법을 조언해 주세요.

	상황(걱정)	해결 방법
1	전세 계약 기간이 곧 끝나다 집주인이 전세금을 올릴까 봐 걱정이다	청약 통장을 만들다
2	어머니 연세가 많으시다 병원비가 많이 나올까 봐 걱정이다	어머니 앞으로 보험에 가입하다
3	아이가 중학생이다 학원비가 많이 들까 봐 걱정이다	인터넷 강의를 듣다
4		

표현

경제적인 걱정을 말할 때	걱정에 대해 조언할 때
• 집주인이 전세금을 올릴까 봐 걱정이에요. • 전세금을 올려 달라고 할까 봐 걱정이에요. • 전세금을 올려 달라고 할 것 같아서 걱정이에요.	• 청약 통장을 만드세요. • 청약 통장을 만들면 어때요? • 청약 통장을 만들지 그래요. • 청약 통장은 한 달에 한 번씩 적금처럼 넣으면 내 집을 마련하는 데 도움이 되는 것이에요. • 학원에 다니는 대신에 인터넷 강의를 들으라고 하세요.

들어 봅시다

 **나트 씨가 처음 만난 이웃과 이야기합니다. 다음을 잘 듣고 답하세요.** 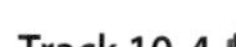

1. 나트 씨는 왜 이 사람을 만나러 갔어요?

① 새로운 집을 보려고

② 이사 와서 인사하려고

③ 재활용 쓰레기를 버리려고

2. 다음은 나트 씨가 요일마다 할 일을 쓴 것입니다. 틀린 것을 맞게 고치세요.

월	화	수	목	금
	장 서는 날		재활용품 버리기	
	장 서는 날		재활용품 버리기	
	장 서는 날		재활용품 버리기	
	장 서는 날		재활용품 버리기	

읽어 봅시다

다음을 읽고 질문에 답하세요.

환경도 지키고 기름값도 아낄 수 있는 두 마리 토끼를 잡으세요.

서울시 자전거 '따릉이'

1 이용 조건

15세 이상 남녀노소 누구나 이용 가능

2 이용 방법

가. 휴대 전화에 '따릉이' 앱을 설치한다.
나. 회원 가입을 한다.
다. 결제할 카드 번호를 등록한다.
라. 빌리고 싶은 날짜와 장소를 선택한다.
마. 신청한 장소에서 자전거를 빌린다.

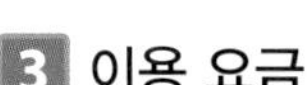

3 이용 요금

60분에 1,000원
이용 시간을 초과할 경우 30분에 1,000원을 내야 합니다.
이용 요금은 휴대 전화, 신용 카드, 교통 카드로 지불할 수 있습니다.

1. 이 자전거를 이용하면 요금은 어떻게 내요?

____

2. 이 자전거를 이용하면 어떤 장점이 있어요?

____

3. 맞으면 ○, 틀리면 × 하세요.

1) 이 자전거는 나이에 상관없이 이용할 수 있어요. (　　)
2) 이 자전거를 이용하려면 시청에 가서 신청해야 해요. (　　)

도전

1 **다음에 대해 친구들과 좋은 방법을 이야기해 보세요.**

	상황	돈을 아끼는 방법
1	집 계약을 해야 하는데 중개 수수료가 너무 부담스럽다.	• 휴대 전화의 부동산 앱을 이용하다 • •
2	아이 학원비가 너무 부담스럽다.	• • •
3	고향에 가는 비행기표를 싸게 사고 싶다.	• • •
4	환전을 어디에서 언제 하면 좋을지 모르겠다.	• • •

문화를 알아봅시다

절대로 통장을 빌려주면 안 돼요

누가 통장을 빌려 달라고 한 적이 있나요? 개인 통장은 절대로 빌려주면 안 돼요.

대포 통장은 통장을 개설한 사람과 실제로 사용하는 사람이 다른 비정상적인 통장을 말해요. 대포 통장은 보이스 피싱, 인터넷 사기 등 범죄에 이용되는 경우가 많아요. 예금 통장 또는 현금(직불·체크) 카드 등을 다른 사람에게 양도, 대여, 판매하는 행위는 전자금융거래법 위반이에요.

대포 통장
당신도 범죄자가 될 수 있습니다.

이렇게 했다면

사례 1 아는 사람이 세금 문제 때문에 다른 사람의 통장이 필요하니 자기에게 팔라고 해서 팔았다면?

사례 2 취업을 미끼로 월급을 입금할 통장과 계좌 비밀번호까지 알려 달라고 해서 알려 주었다면?

피해자도 처벌받을 수 있어요.

이렇게 돼요

❶ 다른 사람에게 통장을 주거나 대가를 받기로 약속만 하더라도 처벌(3년 이하의 징역, 2천만 원 이하의 벌금)을 받을 수 있어요.

❷ 피해자가 손해 배상 청구를 하면 피해액을 물어 줄 책임이 있어요.

금융감독원
대포 통장을 매매하면 처벌받지만, 신고하면 포상금을 받습니다.

이렇게 하세요

❶ 통장, 현금 카드, 체크 카드를 절대로 다른 사람에게 주지 마세요.

❷ 신분증, 통장 사본, 인감 증명서, 통장 비밀번호 등도 절대 주지 마세요.

❸ 안 쓰는 통장은 해지 · 정리하고 쓰는 통장은 안전하게 보관하세요.

물산 과장입니다.
로 전화주세요
사용 안하시는 계/좌/빌려주시면 저희 회사에서
월3.0.0-5.0.0만 지급해 드립니다.
계/좌빌려주시고 사용되실 용도는 불법적으로
사용되는게 아니라 세금감1면에 이용되실
겁니다.
저희 쪽에서 사용한다고 해서 세금이 부과

저희 에서 선물 옵션 대여
계좌 알바를 모집하구 있습니다.
본인 명의의 계좌만 등록하시면
계좌 하나당 3만원 선지급
해드립니다.
본인은 증권 전화 한통만 받아
주시면 월 60~300만원
수입됩니다.

[web]발신
해외증권투자회사
과장입니다.
전화 주세요.
계,좌 빌려주시면 월600만 지급!
사용되실용도는 불법적으로
사용되시는게 아니라
세금,감면에 이용되실겁니다

대포 통장 광고 발견 시 신고처

- ▶ 금융감독원 홈페이지(http://www.fss.or.kr) → 민원·신고 → 불법금융신고센터 → 대포 통장 신고
- ▶ 전화: 국번 없이 1332(내선번호 3)

출처: 금융감독원(http://www.fss.or.kr)

동영상을 봅시다
돌
가계부
1
2

대형 마트에 갔더니 동네 마트보다 비싼 물건도 많더라고요.

여러분은 가계부를 써요?

공과금을 어떻게 내요?

어떻게 하면 생활비를 절약할 수 있을까요?

따라 하세요

Track 11-1

- 돈이 모이지 않네요.
- 그럼 가계부를 써 보세요.
- 가격을 비교하고 나서 사는 게 좋아요.

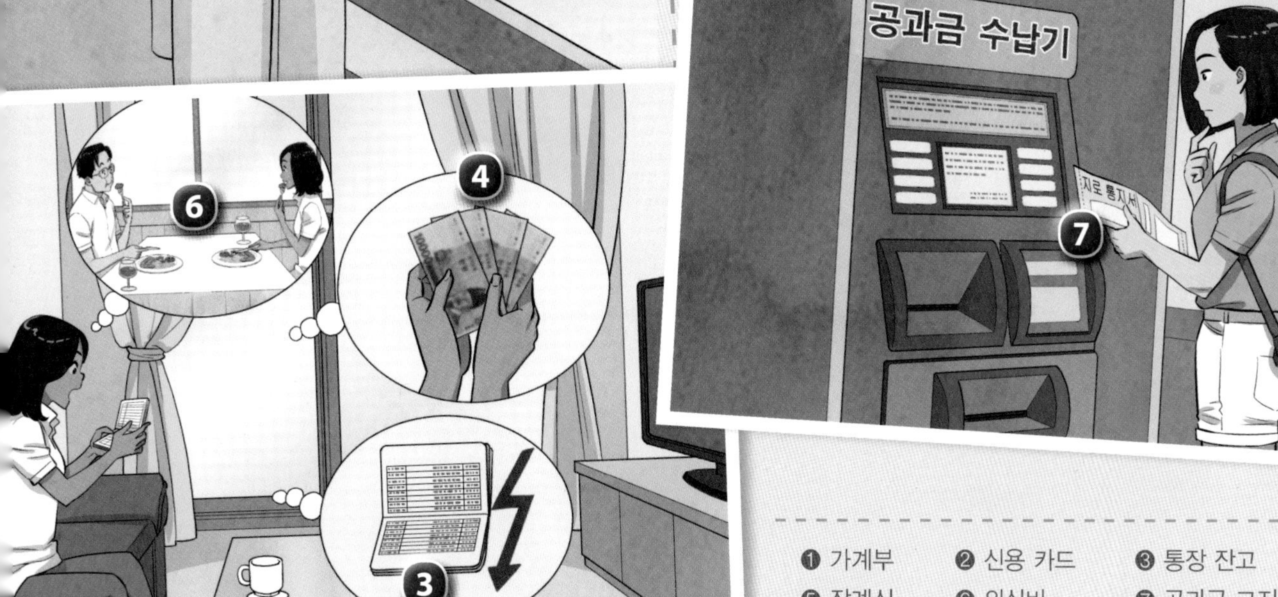

❶ 가계부 ❷ 신용 카드 ❸ 통장 잔고 ❹ 용돈
❺ 장례식 ❻ 외식비 ❼ 공과금 고지서

준비 ① –았/었더니

예문

- 매일 문장을 외웠더니 한국어 실력이 좋아졌어요.
- 주사를 맞았더니 감기가 바로 나았어요.

형태

–았더니	–었더니	–했더니
봤더니	외웠더니	공부했더니
맞았더니	끊었더니	요리했더니

피곤해 보이는데 무슨 일 있어요?
오랜만에 대청소를 했더니 힘드네요.

활용 친구의 질문을 듣고 여러분의 경험을 이야기해 보세요.

	질문	경험	결과
1	생활비를 줄이다	외식을 자주 안 하다	생활비가 줄었다
2	돈을 모으다	새것을 사는 대신에 중고품을 이용하다	생활비가 남아서 저금을 할 수 있었다
3	세금 환급을 더 받다	신용 카드 대신 체크 카드를 쓰다	세금 환급을 더 받았다
4	비싼 물건을 싸게 사다	여러 사이트를 비교해 보다	가장 싼 사이트가 있었다

어떻게 생활비를 줄였어요?

외식을 자주 안 했더니 생활비가 줄었어요.

-는 게 좋다 준비❷

어떻게 하면 생활비를
줄일 수 있을까요?
생활비를 줄이려면
가계부를 쓰는 게 좋아요.

예문

- 주말보다 평일에 가는 게 좋아요.
- 책을 많이 읽는 게 좋아요.

형태

-는 게 좋다
가는 게 좋다
먹는 게 좋다

활용 어떻게 하면 좋을지 조언해 주세요.

	질문	조언
1	세금 환급을 더 받다	현금 영수증을 해 달라고 하다
2	푼돈을 아끼다	택시를 안 타다 / 커피를 사 마시지 않다
3	목돈을 마련하다	적금을 들다
4	소득 공제를 더 받다	마트보다 시장에서 물건을 많이 사다

어떻게 하면 세금 환급을
더 받을 수 있을까요?

세금 환급을 더 받으려면
계산할 때 현금 영수증을
해 달라고 하는 게 좋아요.

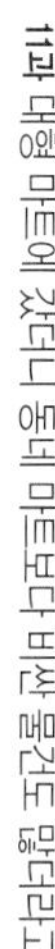

준비③ -는 바람에

예문

- 늦잠을 자는 바람에 지각했어요.
- 점심을 급히 먹는 바람에 체한 것 같아요.

형태

-는 바람에
생기는 바람에
잊어버리는 바람에

갑자기 회의가 생기는 바람에 오늘 약속을 취소해야겠어요.
괜찮아요. 그럼 다음에 만나요.

활용 갑자기 예상하지 못한 일이 생겨서 수업에 지각했어요. 지각한 이유를 말해 보세요.

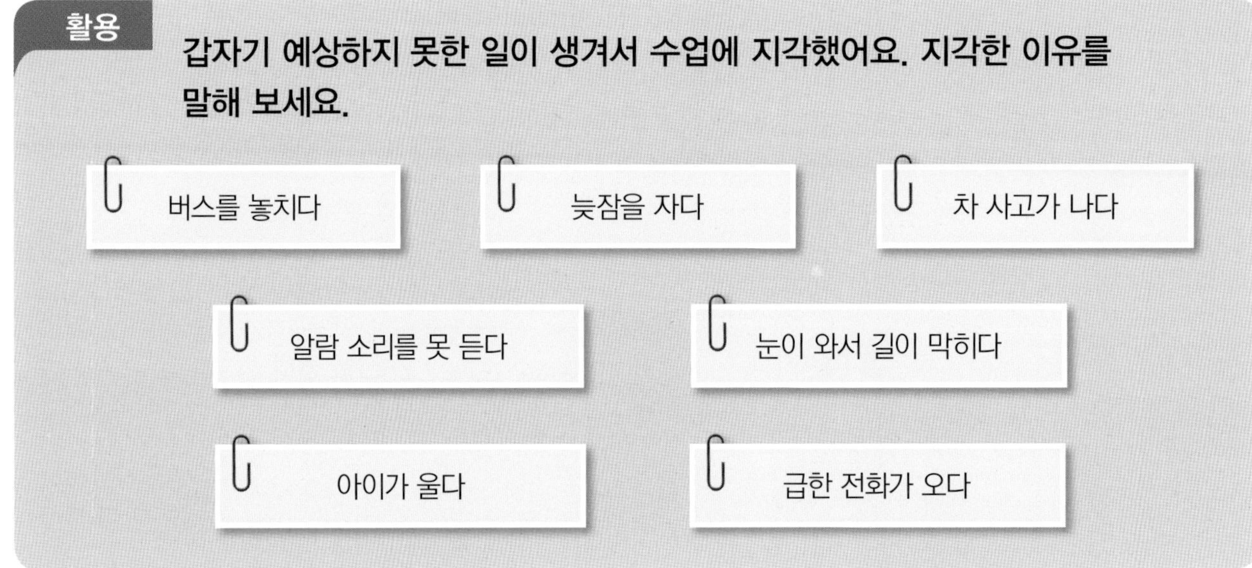

왜 지각했어요?

버스를 놓치는 바람에 늦었어요.

생활비 절약 방법에 대한 정보 구하기

과제

Track 11-2 

동영상을 봅시다 에디 씨가 엔젤 씨에게 생활비 절약 방법을 물어봅니다.

- 이 사람은 이번 달에 왜 돈을 많이 썼어요?
- 어떻게 하면 생활비를 절약할 수 있어요?

에디 이번 달에는 경조사가 겹치는 바람에 돈을 많이 쓰게 됐어요. 돈을 아껴 쓰는 것 같은데 돈이 모이지 않네요. 어떻게 하면 생활비를 줄일 수 있을까요?

엔젤 그럼 가계부를 써 보세요. 가계부를 쓰면 무엇을 더 절약할 수 있는지 알게 돼요.

에디 그래요? 당장 가계부를 써야겠어요.

엔젤 특히 비싼 물건을 살 때는 가격을 비교하고 나서 사는 게 좋아요.

에디 맞아요. 대형 마트에 갔더니 동네 마트보다 비싼 물건도 많더라고요.

엔젤 그렇죠? 그리고 전자 제품은 반품 사이트를 이용해 보세요. 물건을 반값에 살 수도 있거든요.

발음 Track 11-3

- 절약[저략]
- 많더라고요[만터라고요]
- 반값에[반깝쎄]

☐ 경조사 ☐ 모이다 ☐ 비교하다 ☐ 대형 마트 ☐ 전자 제품 ☐ 반값

대화해 봅시다

사람1 • 현재 자신의 상황을 말하고 생활비 절약 방법을 물어보세요.

사람2 • 생활비를 절약하고 싶은 친구에게 생활비 절약 방법을 알려 주세요.

	사람 1		사람 2
	상황	경험	조언
1	경조사가 겹치다	대형 마트에 가다 / 동네 마트보다 비싼 물건이 많다	• 가계부를 쓰다 • 비싼 물건은 가격 비교 후 사다 • 전자 제품은 반품 사이트를 이용하다
2	가족 여행을 다녀오다	현금을 사용하다 / 돈을 함부로 안 쓰다	• 장바구니를 가져가다 • 무조건 카드를 사용하지 않다 • 할인 쿠폰을 사용하다
3	부모님 병원비를 내다	외식을 자주 하다 / 생활비가 많이 들다	• 신용 카드 대신에 체크 카드를 사용하다 • 외식을 줄이다 • 사용하지 않는 가전제품 전원을 꺼 놓다
4			

표현

생활비 절약 방법을 물어볼 때
- 어떻게 하면 생활비를 줄일 수 있을까요?
- 생활비를 줄이고 싶은데 좋은 방법이 있을까요?
- 그렇게 하면 생활비를 줄일 수 있을까요?

생활비 절약 방법을 알려 줄 때
- 가계부를 써 보세요.
- 가격을 비교하고 나서 사는 게 좋아요.
- 장을 보러 갈 때는 장바구니를 가져가세요.
- 큰돈도 큰돈이지만 작은 돈부터 아껴야지요.

들어 봅시다

두 사람이 생활비에 대해서 이야기합니다. 다음을 잘 듣고 질문에 답하세요. Track 11-4

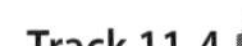

1. 유미 씨는 나트 씨에게 무슨 조언을 했는지 맞는 것을 고르세요.

① 용돈, 요리 ② 가계부, 용돈 ③ 외식 횟수, 용돈 ④ 외식 횟수, 교육비

2. 나트 씨는 오늘부터 무엇을 할 것인지 맞는 것을 고르세요.

① 가계부를 쓸 거예요.
② 집에서만 밥을 먹을 거예요.
③ 한 달에 네 번만 외식할 거예요.
④ 하루 용돈을 정해서 쓸 거예요.

읽어 봅시다

공과금 자동 납부기 사용 방법입니다. 다음을 읽고 질문에 답하세요.

공과금은 '공과금 자동 납부기'로 쉽게 낼 수 있어요. 먼저 공과금 납부 버튼을 누르고 나서 통장이나 카드 버튼을 누르세요. 그리고 통장이나 카드를 위에서 아래로 통과시킨 다음에 공과금 고지서를 넣으세요. 금액을 확인하고 나서 다른 고지서가 없으면 '예' 버튼을 누르세요. 그다음에 통장이나 카드 비밀번호 네 자리를 누르세요. 마지막으로 명세표를 받으세요.

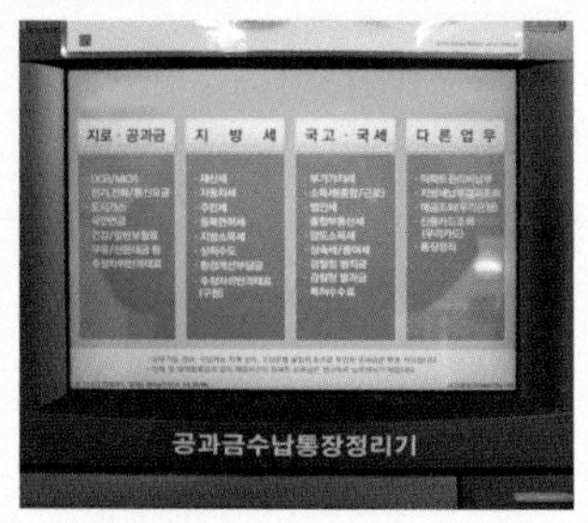

〈공과금 자동 납부기〉

① 공과금 납부 버튼을 누른다.

② 통장이나 카드 비밀번호 누른다.

③ 공과금 고지서를 넣는다.

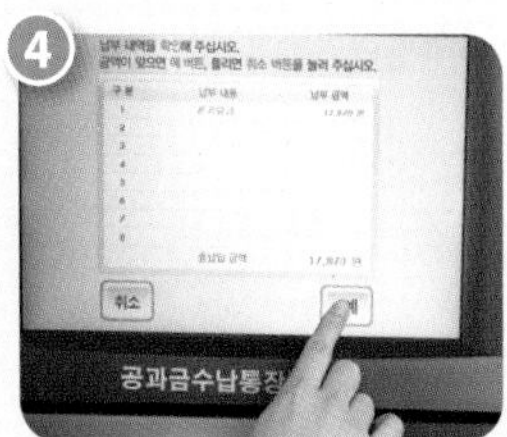

④ 금액을 확인하고 다른 고지서가 없으면 '예' 버튼을 누른다.

⑤ 통장이나 카드를 위에서 아래로 통과시킨다.

⑥ 명세표(영수증)를 받는다.

⑦ 통장이나 카드 버튼을 누른다.

1. '공과금 자동 납부기' 사용 순서를 쓰세요.

2. '공과금 자동 납부기'를 사용할 때 필요한 것을 모두 고르세요.

① 통장 번호
② 공과금 고지서
③ 통장이나 카드
④ 공과금 고지서의 비밀번호

도전

1 알뜰족의 생활비 절약 방법에 대한 글을 읽으세요.

멤버십 카드, 쿠폰 챙기기 – 알뜰족 부쩍 늘어

고물가 시대 할인 혜택 쏠쏠 '합리적 소비' 늘어

요즘 알뜰족들 사이에서는 지갑을 두 개씩 들고 다니는 게 유행이다. 한 개에는 신분증, 면허증, 현금 등을, 다른 한 개에는 각종 멤버십 카드와 할인 쿠폰을 넣고 다닌다. 직장인 김 모씨(35)의 지갑 속에도 카드와 쿠폰이 다양하게 들어 있다. 도장 열 번을 받으면 한 번은 무료로 마실 수 있는 커피 전문점 쿠폰은 기본이고 백화점, 대형 마트, 주유소 할인 카드, 통신사 멤버십 카드, 옷 가게, 미용실 회원 적립 카드 등 20개 가까이 된다. 김 씨는 단골 주유소를 만들면 할인, 적립 혜택 외에 주기적으로 주는 사은품까지 챙길 수 있고 커피 전문점도 한 곳만 골라 다니면 더 자주 '공짜 커피'를 마실 수 있다고 조언했다. 또 신용 카드 포인트 몰에 새로 올라오는 상품들을 주기적으로 살펴보면 가끔 시중보다 싸게 판매되는 제품을 포인트로 구매할 수 있다고 했다. 최근 고물가로 생활비를 아끼려는 사람이 늘면서 김 씨 같은 알뜰족들이 늘고 있다.

2 위의 내용을 참고해서 여러분의 생활비 절약 방법을 쓰세요.

준비 활동

① 여러분도 멤버십 카드나 할인 쿠폰을 사용하고 있어요?
② 여러분의 생활비 절약 방법은 뭐예요?

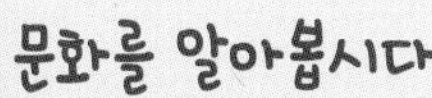

공과금 납부는 어디에서 해요?

어떤 공과금을 내고 있어요?

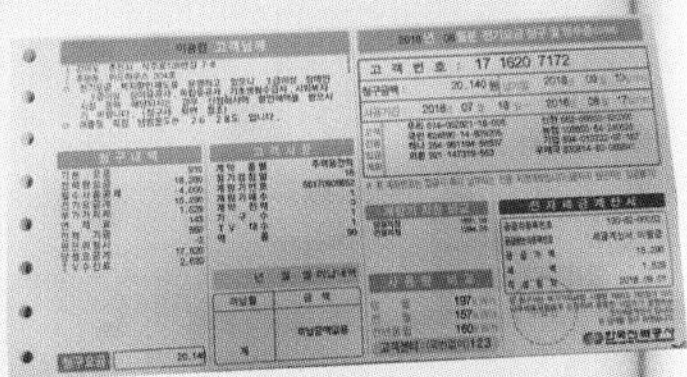

공과금은 재산세, 자동차세, 전기료, 전화료, 상하수도 요금 등을 말해요. 납부 기한이 지나면 연체료를 내야 하니까 꼭 기한을 지키세요. 요즘은 은행에 직접 가지 않아도 낼 수 있는 여러 가지 방법이 있어요.

청구서를 가지고 은행 공과금 자동 납부기로 돈을 내는 방법이에요. 본인 통장이나 카드가 있어야 해요. 카드를 이용하면 카드 요금과 함께 계산이 돼요.

청구서를 가지고 편의점에 가서 내는 방법이에요.

인터넷 홈페이지(www.giro.or.kr)에서 내는 방법이에요. 번거롭게 은행까지 가지 않아도 돼서 편리해요. 공인 인증서가 필요해요.

매달 통장에서 자동으로 빠져나가게 하는 방법이에요. 돈이 빠져나가는 날짜에 통장에 돈이 있어야 해요. 그렇지 않으면 연체료를 내야 돼요.

카드사에 자동 납부를 신청하는 방법이에요. 카드 요금에 함께 계산이 돼요. 카드로 내면 할인을 해 주기도 해요. 또 적립금을 쌓을 수도 있어요.

여러분은 한국에서 공과금을 어떤 방법으로 내고 있어요?

	납부 방법(내는 방법)
나	
친구	

여러분은 공과금을 줄이기 위해 어떤 노력을 하고 있어요?

① 전기밥솥을 보온으로 하지 않는다. ( )
② 냉장고에 음식을 넣을 때는 식혀서 넣는다. ( )
③ 가스레인지의 불꽃을 너무 세게 하지 않는다. ( )
④ 전자 제품을 사용하지 않을 때는 플러그를 뽑아 놓는다. ( )
⑤ 수도꼭지를 틀어 놓고 설거지나 양치질을 하지 않는다. ( )

동영상을 봅시다
○○ 가전 마트
냉장고
6
2
3
1

절전 기능은 있나요?

집에 어떤 전자 제품이 있어요?

전자 제품은 주로 어디에서 사요?

전자 제품에서 원하는 기능이 뭐예요?

따라 하세요

Track 12-1 

- 전기밥솥 좀 보러 왔는데요.
- 신혼부부가 쓸 만한 제품을 찾고 있어요.
- 혹시 절전 기능은 있나요?

❶ 판매원 ❷ 전기밥솥 ❸ 전원 버튼 ❹ 드럼 세탁기
❺ 노트북 ❻ 전자 제품 매장 ❼ 최신형 휴대 전화

준비❶ -(으)ㄹ 만하다

나트 씨, 새 휴대 전화 어때요?
카메라 화질이 좋아서 지난번 것보다 훨씬 쓸 만해요.

예문

- 그 영화가 볼 만해요.
- 이 음식이 먹을 만해요.

형태

-ㄹ 만하다	-을 만하다
갈 만하다	먹을 만하다
볼 만하다	읽을 만하다

활용 주말에 가 볼 만한 장소를 친구에게 추천해 주세요.

	장소	
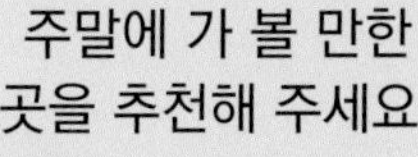 주말에 가 볼 만한 곳을 추천해 주세요.	 놀이공원	 한강 공원
	 영화관	 야구장

가: 주말에 가 볼 만한 곳을 추천해 주세요.

나: 집에 아이가 있으면 놀이공원이 가 볼 만할 거예요.
사진을 찍어도 예쁘고 지금 꽃도 예쁘게 피었거든요.

-(으)ㄴ가요?/-나요?

예문

- 가: 몇 시에 오시나요?
  나: 두 시쯤 도착해요.
- 기능이 좋은가요?

형태

-ㄴ가요?	-은가요?
비싼가요?	좋은가요?
간단한가요?	많은가요?

-나요?
오나요?
먹나요?

활용 친구에게 알고 싶은 것을 질문하세요.

	질문	대답
1	고향과 비교해서 한국의 물가가 비싸다 보통 어디에서 장을 보다	조금 비싸다 재래시장을 이용하다
2	휴가가 언제이다 이번 휴가에 어디로 가다	다음 주부터이다 아내하고 필리핀에 가려고 하다
3	어떤 세탁기가 좋다 어디에서 그런 세탁기를 살 수 있다	이번에 한국전자에서 새로 나온 세탁기가 좋다 전자 상가에 가면 되다
4	이 냉장고가 괜찮다 절전 기능도 있다	디자인도 좋고 가격도 싸다 물론 있다

가: 고향과 비교해서 서울의 물가가 비싼가요?
나: 네, 조금 비싼 편인 것 같아요.
가: 그럼 보통 어디에서 장을 보나요?
나: 저는 재래시장을 자주 이용하는 편이에요.

준비③ -(으)ㄹ 뿐만 아니라

예문

- 이 음식은 가격이 쌀 뿐만 아니라 맛도 좋아요.
- 이걸로 모르는 단어를 찾을 수 있을 뿐만 아니라 사진도 찍을 수 있어요.

형태

-ㄹ 뿐만 아니라	-을 뿐만 아니라
쌀 뿐만 아니라	재미있을 뿐만 아니라
배울 뿐만 아니라	읽을 뿐만 아니라

○○ 할인 마트
못 보던 마트네요. 새로 생겼나요?
네, 새로 생겼는데 물건값이 쌀 뿐만 아니라 배달도 해 줘요.

활용 다음 광고를 보면서 친구와 이야기해 보세요.

왜 이 휴대 전화를 추천해요?

싼 스마트폰
화질 좋은 카메라
휴대 전화 케이스 증정
월 요금 35,000원

폴더폰
가격 공짜
월 요금 20,000원

LTE폰
가족과 같이 사면 50% 더 싸게
선물 증정

최신 스마트폰
새로운 모델
새로운 디자인
월 요금 60,000원
데이터 무제한

가: 어느 걸로 (결정)할까요?

나: 이걸로 하세요. 이것은 가격이 쌀 뿐만 아니라 카메라 화질도 좋아요.

제품 기능에 대한 정보 구하기

과제

Track 12-2

자가 씨와 직원이 전자 제품의 기능에 대해서 이야기합니다.

- 자가 씨는 어떤 전자 제품을 사려고 해요?
- 자가 씨는 이 전자 제품의 어떤 기능을 원해요?

직원 어서 오세요. 어떤 제품을 찾으세요?

자가 저, 전기밥솥 좀 보러 왔는데요.

직원 네, 이쪽으로 오세요. 혹시 찾으시는 제품이 있으신가요?

자가 신혼부부가 쓸 만한 제품을 찾고 있어요.

직원 이 제품 어떠세요? 밥, 삼계탕, 죽 등을 만들 수 있을 뿐만 아니라 디자인도 예뻐요.

자가 혹시 절전 기능은 있나요? 신혼부부라서 보온을 오래 할 것 같아서요.

직원 물론이지요. 이 버튼만 누르시면 됩니다. 그리고 사이즈도 신혼부부가 쓰기에 적당합니다. 지금 할인 기간이라 가격도 싸고요.

자가 사용 방법도 간단하고 가격도 좋네요. 이걸로 살게요.

발음 Track 12-3

- 전기밥솥[전기밥쏟]
- 절전[절쩐]
- 있나요[인나요]
- 가격도[가격또]

☐ 절전 ☐ 보온(을) 하다 ☐ 적당하다

대화해 봅시다

사람1 • 손님입니다. 원하는 제품을 말하세요. 그리고 원하는 기능이 있는지도 물어보세요.

사람2 • 판매 직원입니다. 제품의 기능을 두 가지 이상 설명해 주세요. 그리고 그 제품을 사면 좋은 점도 말해 주세요.

	구입하고 싶은 제품 / 원하는 기능	대답	
1	전기밥솥 절전 기능	밥, 삼계탕, 죽 등을 만들 수 있다 디자인도 예쁘다	할인 기간이라 가격도 싸다
2	노트북 그래픽 카드	저장 용량이 크다 가볍다	이번 달 말까지 선물도 주다
3	휴대 전화 동영상 촬영	무선 충전이 되다 방수도 되다	화면이 깨지면 한 번 무상 수리가 가능하다
4	에어컨 취침 기능	시간 예약이 되다 제습 기능도 있다	1년 동안 무료로 필터 청소를 해 주다
5			

표현

제품 기능을 물어볼 때	제품의 기능을 설명할 때
• 이 전기밥솥은 어떤 기능이 있나요? • 이 전기밥솥은 뭐가 좋은가요? • 절전 기능도 있나요? • 그래픽 카드도 들어 있나요? • 그래픽 카드의 성능은 어떤가요? • 동영상 촬영도 가능한가요?	• 밥, 삼계탕, 죽 등을 만들 수 있을 뿐만 아니라 디자인도 예뻐요. • 고장이 잘 안 나고 오래 쓸 수 있어요. • 할인 기간이라 가격도 저렴합니다. • 사이즈도 4인 가족이 쓰기에 적당합니다. • 사용 방법도 아주 간단합니다. 이 버튼 하나만 누르시면 됩니다.

들어 봅시다

 자가 씨와 아미르 씨는 결혼 준비를 위해 전자 제품을 사러 갔습니다. 다음을 잘 듣고 질문에 답하세요.

Track 12-4

1) 자가 씨와 아미르 씨가 사려고 하는 물건이 아닌 것은 무엇입니까?

① 청소기　② 세탁기
③ 에어컨　④ 텔레비전

2) 다음 중 맞는 것을 고르세요.

① 아미르 씨는 휴대 전화와 컴퓨터를 사고 싶어 해요.
② 지금 냉장고와 청소기를 특별히 싸게 살 수 있어요.
③ 자가 씨와 아미르 씨는 가장 싼 물건을 사려고 해요.
④ 아미르 씨는 세탁이 빨리 되는 세탁기를 사고 싶어 해요.

말해 봅시다

친구의 전자 제품이 어떤 기능을 가지고 있는지, 살 만한지 서로 이야기해 봅시다.

휴대 전화　냉장고　세탁기　전자레인지　디지털카메라　이어폰　노트북

이름	-(으)ㄴ가요?/-나요?	-(으)ㄹ 뿐만 아니라	
친구1			
친구2			
친구3			

그래서 이건 정말 살 만해요.

가: 이 휴대 전화에는 어떤 기능이 있나요?
나: 이 휴대 전화는 카메라 기능이 있을 뿐만 아니라 녹음 기능도 있어요.
그래서 공부하는 학생들이 쓸 만해요.

도전

1 다음은 에어컨 사용 설명서입니다. 다음을 읽고 질문에 답하세요.

에어컨 사용 설명서

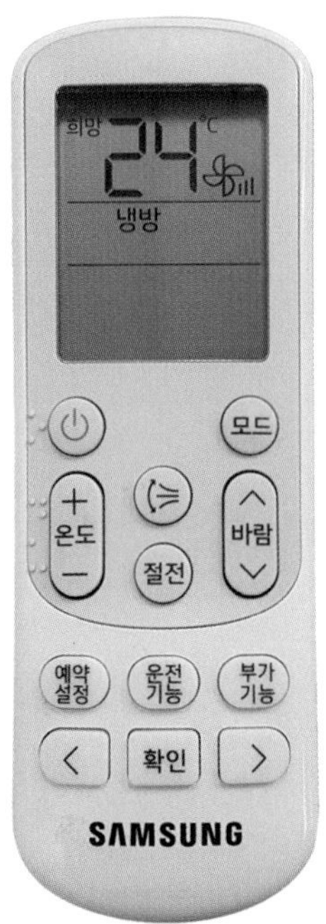

희망 온도를 조절할 수 있습니다.

	기능
자동	자동으로 알맞은 온도를 조절합니다.
냉방	원하는 온도까지 낮춰 줍니다.
제습	습기를 없애 줍니다.
송풍	선풍기처럼 바람만 나옵니다.

구분	냉방	제습
실내 온도	16~32도	18~32도
실외 온도	21~43도	21~43도
실내 습도		60% 이하

1. 실외 온도가 32도예요. 어떤 기능을 사용하면 돼요?

① 난방　　② 냉방

③ 예약　　④ 송풍

2. 비가 많이 와서 습도가 너무 높아요. 어떤 기능을 사용하면 돼요?

① 예약　　② 절전

③ 제습　　④ 송풍

문화를 알아봅시다

사용 설명서를 꼭 읽으세요

여러분은 전자 제품을 사용하기 전에 설명서를 읽어요?

김치냉장고에서 화재가 났다는 이야기를 들어 봤어요? 왜 화재가 났을까요? 제품 사용 설명서에는 사용하는 방법, 중요한 기능, 주의 사항 등이 상세하게 안내되어 있어요. 특히 전자 제품은 설명서대로 사용하면 에너지를 절약할 수 있을 뿐만 아니라 안전하게 사용할 수 있어요.

사용 시 주의 사항

사용 시 주의 사항

- 식품은 서로 적당한 간격을 두고 보관하세요. 냉기가 고루 퍼지고 전기료도 절약됩니다.
- 한 번 얼렸다가 녹인 식품을 다시 얼리면 맛과 영양이 떨어집니다.
- 병 종류는 냉동실에 보관하지 마세요.
- 뜨거운 식품은 식혀서 넣으세요.

경고 사항 / 대처 방법

냉장고를 사용할 때

무거운 물건, 위험한 물건(액체가 들어 있는 용기 등)을 냉장고 위에 올려놓지 마세요.

문을 여닫을 때 떨어져 다칠 수 있으며 화재, 감전의 원인이 될 수 있습니다.

소음이 심하고 이상한 소리가 날 때

Q	A
냉장고 설치 장소의 바닥이 약하거나 불안정하게 설치되어 있지 않습니까?	바닥이 튼튼하고 고른 곳에 설치하세요.
냉장고 뒷면이 벽에 닿지 않았습니까?	주위에 적당한 간격을 주세요.
냉장고 뒷면에 물건이 떨어져 있지 않습니까?	물건을 치워 주세요.

전기를 절약할 수 있는 방법이에요. 여러분이 실천하는 것을 골라 보세요.

사용하지 않을 때 플러그 뽑기	세탁물은 모아서 사용하기	냉장실은 60%만 채우기	에어컨, 청소기 등의 필터 청소하기

전기를 아낄 수 있는 자기만의 좋은 방법이 있다면 말해 보세요.

	전기 절약 방법
나	
친구	

출처: 한국에너지공단 (www.energy.or.kr)

동영상을 봅시다
4
5

우유를 먹여서 재우세요.

여러분은 아기를 키워 본 적이 있어요?

아이를 어떻게 돌봐야 해요?

이유식을 만들어 봤어요? 어떻게 만들어요?

따라 하세요

Track 13-1 

- 태한이를 어떻게 돌봐야 하는지 알려 줘요.
- 뜨거울 수 있으니까 잘 식혀서 줘야 해요.
- 걱정하지 말고 잘 갔다 와요.

❶ 냄비 ❷ 프라이팬 ❸ 뒤집개 ❹ 아기 띠
❺ 분유 ❻ 유모차 ❼ 기저귀 ❽ 소아과
❾ 체온계 ❿ 예방 주사

준비❶ 요

예문

- 가: 어디에 가요?
  나: 학교요.
- 가: 뭐 먹어요?
  나: 비빔밥요.

형태

요
학교요
비빔밥요

활용 다음 질문에 간단하게 답하십시오.

	질문
1	한국 음식 중에 제일 좋아하는 음식이 뭐예요?
2	고향에 있는 사람 중에 누가 제일 보고 싶어요?
3	한국에서 어디를 제일 가 보고 싶어요?
4	지금 누구하고 같이 살아요?
5	다음 생일 선물로 뭘 받고 싶어요?

가: **한국 음식 중에서 제일 좋아하는 음식이 뭐예요?**

나: **부대찌개요.**

아이가 울어요.
아, 우유 먹을 시간이에요. 우유 좀 먹여 줘요.

예문

- 아기를 재워요.
- 아이에게 우유를 먹여요.

형태

-이-	-히-	-리-
먹이다	입히다	울리다
끓이다	식히다	살리다

-기-	-우-	-추-
웃기다	비우다	늦추다
남기다	*태우다	

활용 부부가 아이에게 줄 이유식을 같이 만듭니다. 다음 그림을 보고 이야기해 보십시오.

얼리다	녹이다	끓이다	식히다	먹이다

가: 여보, 돼지고기 좀 냉장고에 넣어서 얼려 주세요.
나: 네, 알았어요.

준비❸ -(으)ㄹ 수도 있다

아기가 깰 수도 있으니까
소리를 작게 하세요.
네, 알았어요.

예문

- 차가 막힐 수도 있으니까 빨리 출발하세요.
- 날씨가 안 좋을 수도 있으니까 오늘은 안 가는 게 좋겠어요.

형태

-ㄹ 수도 있다	-을 수도 있다
갈 수도 있다	먹을 수도 있다
비쌀 수도 있다	좋을 수도 있다

활용 질문을 듣고 그 가능성을 추측하여 어떻게 해야 하는지 이야기하세요.

	사람1	사람2	
1	길이 많이 막히는데 약속 시간에 도착할 수 있다	늦다	서두르다
2	장마인데 우산을 안 가져가도 되다	비가 오다	우산을 가져가다
3	밤이 늦었는데 어머님께 전화드려도 되다	주무시다	내일 전화하다
4	연휴인데 중국 식당이 문을 열었다	문을 닫았다	가기 전에 전화해 보다
5	한국 요리 수업 신청이 마감인데 다른 방법이 없다	취소하는 사람이 있다	대기자 명단에 올리다

가: 길이 많이 막히는데 약속 시간에 도착할 수 있을까요?
나: 늦을 수도 있으니까 서두릅시다.

외출했을 때 해야 할 일 말하기

과제

Track 13-2

동영상을 봅시다 나트 씨가 자신이 외출했을 때 남편이 해야 하는 일에 대해 말합니다.

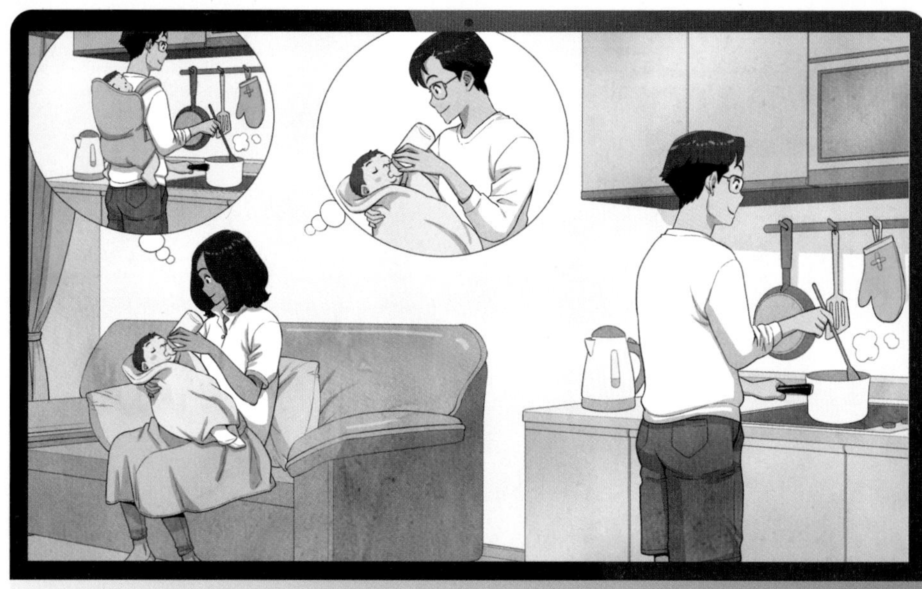

- 왜 나트 씨는 석훈 씨에게 태한이를 맡겨요?
- 석훈 씨는 무엇을 해야 해요?

나트 여보, 내일은 친구랑 약속이 있어서 오후에 나가야 해요.

석훈 그래요? 그럼 내일은 태한이하고 둘이서 시간을 보내야겠네요.
태한이를 어떻게 돌봐야 하는지 알려 줘요.

나트 저기 냉동실에 이유식을 얼려 놓았으니까 데워서 먹여 주세요.
그런데 아이한테 뜨거울 수 있으니까 잘 식혀서 줘야 해요.

석훈 알았어요. 잘 식혀서 먹일게요.

나트 그리고 공원에 데리고 나갈 때는 요즘 날씨가 추우니까 꼭 모자를 씌우고 양말을 신겨 주세요.

석훈 알았어요.

나트 집에 돌아와서는 꼭 잘 씻기고,
우유를 120㎖ 정도 먹여서 재워 주세요.

석훈 그럴게요. 걱정하지 말고 잘 갔다 와요.

발음 Track 13-3 

- 식혀서[시켜서]
- 씻기고[씯끼고]

□ 돌보다 □ 이유식

대화해 봅시다

사람1 • 약속이 있습니다. 아내/남편에게 육아를 부탁해 보세요.

사람2 • 아내/남편이 내일 약속이 있어서 늦습니다. 육아를 부탁받았습니다. 듣고 대답해 보세요.

	낮			밤	
1					
	끓다	식다	먹다	씻다	자다
2					
	쓰다	신다	타다	감다	자다
3					
	갈아입다	타다	쓰다	닦다	자다
4					

표현

아이를 부탁할 때	배웅할 때
• 애 좀 봐 주세요.	• 잘 갔다 와요.
• 애 좀 봐 주실래요?	• 조심해서 갔다 와요.
• 애 좀 봐 주실 수 있어요?	• 천천히 갔다 와요.
• 애 좀 맡겨도 돼요?	• 걱정 말고 다녀와요.
• 애 좀 맡아 주시겠어요?	• 나한테 맡겨요.
• 몇 시간만 부탁할게요.	• 언제든지 저한테 맡기세요.

들어 봅시다

나트 씨 부부가 아기와 병원에 갔습니다. 다음을 잘 듣고 질문에 답하세요. Track 13-4

1. 여기는 어디예요?

① 안과 ② 치과 ③ 소아과 ④ 산부인과

2. 아기는 어디가 아파요? 모두 고르세요.

① 토해요. ② 열이 나요. ③ 기침을 해요. ④ 설사를 해요.

3. 의사의 처방으로 맞는 것을 모두 고르세요.

① 약을 먹여야 해요. ② 밥을 먹이면 안 돼요.

③ 분유는 먹이면 안 돼요. ④ 오늘은 보리차를 먹이는 게 좋아요.

읽어 봅시다

나트 씨가 석훈 씨에게 메모를 썼어요. 다음을 읽고 메모를 완성하세요.

여보, 급한 일이 생겨서 먼저 나가요.

태한이가 깨면 냉장고에 있는 우유를 따뜻하게 데워서 먹여 주세요.

그리고 날씨가 따뜻하니까 낮에는 아이를 데리고 밖에 산책을 나가 주세요.

밖에 데리고 나갈 때에는 겉옷을 하나 더 ________(입다). 그리고 모자를 ________(쓰다).

또 꼭 신발을 ________(신다)고 유모차에 ________(타다) 나가 주세요.

제가 혹시 밤 9시까지 못 올 수도 있으니까 아이를 ________(씻다). 그리고 우유를 먹여서 ________(자다). 부탁해요!

- 사랑하는 아내가 -

도전

1 여러분은 아기를 키워 본 적이 있어요? 다음과 같은 경우에 어떻게 해야 해요?

1) 

2) 

2 다음은 육아에 대한 부모들의 고민을 상담하는 인터넷 사이트예요. 다음을 읽고 질문에 답하세요.

Q/A
안녕하세요?
3개월 된 아이의 엄마입니다.
아기가 낮에는 자고 밤마다 자주 깨서 웁니다. 어떻게 해야 하나요?

 [답변] 상담사: 심지영
안녕하세요?
생후 4~6주부터는 잠자는 습관이 매우 중요합니다. 다음 세 가지를 꼭 지켜 주세요.
첫째, 아기를 9시 전에 재우고, 둘째, 안아서 재우거나 젖을 물려서 재우지 마세요. 꼭 눕혀서 재우십시오. 셋째, 눕힌 후에 이야기를 들려주거나 노래를 불러 주면서 재우세요.

1. 아기가 밤마다 깨면 어떻게 해야 해요?

① 젖을 먹여서 재우는 게 좋다
② 아기를 안아서 재우는 게 좋다
③ 눕혀서 노래를 들려주는 게 좋다
④ 아기를 일찍 재우고 일찍 깨우는 게 좋다

2. 여러분은 인터넷 고민 상담사입니다. 다음 고민을 읽고 어떻게 하면 좋을지 조언의 글을 쓰세요.

Q/A
4개월 된 아기의 아빠입니다. 아기가 자주 심하게 웁니다. 아무리 달래도 계속 울어서 힘듭니다.
어떻게 해야 하는지 알려 주세요.

 [답변] 상담사 : ____________________

문화를 알아봅시다

인터넷으로 음식 배달도 시켜요?

여러분은 어떤 음식을 배달시켜요? 집이 아닌 곳에서 시킨 적도 있어요?

한국 사람들에게 배달 문화는 일상이 되었어요. 마트, 세탁소에서 물건을 배달해 주는 것은 물론이고, 공원과 한강 둔치에도 음식 배달이 와서 문화적 충격을 받았다는 외국인도 있어요. 요즘은 아기 이유식, 아침밥, 과일 간식 등 음식뿐만 아니라 집을 놀이동산처럼 만들어 주거나 트레이너가 운동 기구를 들고 와서 지도를 하는 등 갈수록 배달의 종류도 다양해지고 있어요.

보통 사람들은 휴일이나 주말에 식사 준비가 귀찮을 때, 밤늦게 배가 출출할 때 배달 음식을 시켜요. 치킨, 피자, 족발 등 맛있는 음식을 전화 한 통이면 언제든지 먹을 수 있어요. 배달 비용을 따로 받지 않아요.

특히 요즘은 스마트폰 '배달 앱'을 많이 이용해요. 전화를 이용할 수 없는 청각 장애인 등 전화하기가 힘든 사람들이 편하게 주문을 할 수 있어요.

90년대 초에 택배 회사가 생기기 전까지 한국인들은 우체국에서 소포로 물건을 보냈어요. 홈 쇼핑 등이 생기면서 택배 문화도 발전하기 시작했어요. 택배는 받는 데 보통 2~3일 걸려요. 편의점에서 택배를 보내고 받을 수도 있어요. 갈수록 인터넷으로 쇼핑을 많이 하기 때문에 더욱 발전할 거예요.

급한 물건이나 서류 등을 보내야 할 때 오토바이 퀵서비스를 이용해요. 같은 도시나 지역 안에서는 어디든지 보통 두세 시간 안에 배달을 해 줘요. 택배보다는 비싸요. 또 시간이 급한 사람들이 오토바이 퀵서비스로 이동을 하기도 해요.

여러분은 한국의 배달 문화에 충격을 받은 적이 있어요? 어떤 일이에요?

	충격받은 일
나	
친구	

동영상을 봅시다
○○ 전자
고객 센터
5
휴대 전화 수리
172
170
173
2
1
7
6
대기인 수
○○ 전자

수리하는 데 시간이 얼마나 걸려요?

- 전자 제품 수리를 맡긴 적이 있어요?
- 수리를 맡기려면 어떻게 해야 돼요?
- 옷을 어디에서 수선해요?

따라 하세요

Track 14-1 

- 어떤 문제가 있으신가요?
- 수리하는 데 얼마나 들까요?
- 배터리도 하나 주세요.

❶ 정수기	❷ 자판기	❸ 청소기
❹ 드라이기	❺ 고객 센터	❻ 번호표
❼ 전기면도기	❽ 수리 기사	

준비 ① -(으)면 -(으)ㄹ수록

예문

- 이 드라마는 보면 볼수록 재미있어요.
- 처음에는 입에 안 맞았는데 먹으면 먹을수록 맛있어지더라고요.

형태

-면 -ㄹ수록	-으면 -을수록
자면 잘수록	읽으면 읽을수록
크면 클수록	많으면 많을수록

나트 씨, 새로 산 노트북 어때요?
가볍고 편해서 쓰면 쓸수록 맘에 들어요.

활용 친구들에게 추천하고 싶은 물건에 대해 이야기해 보세요.

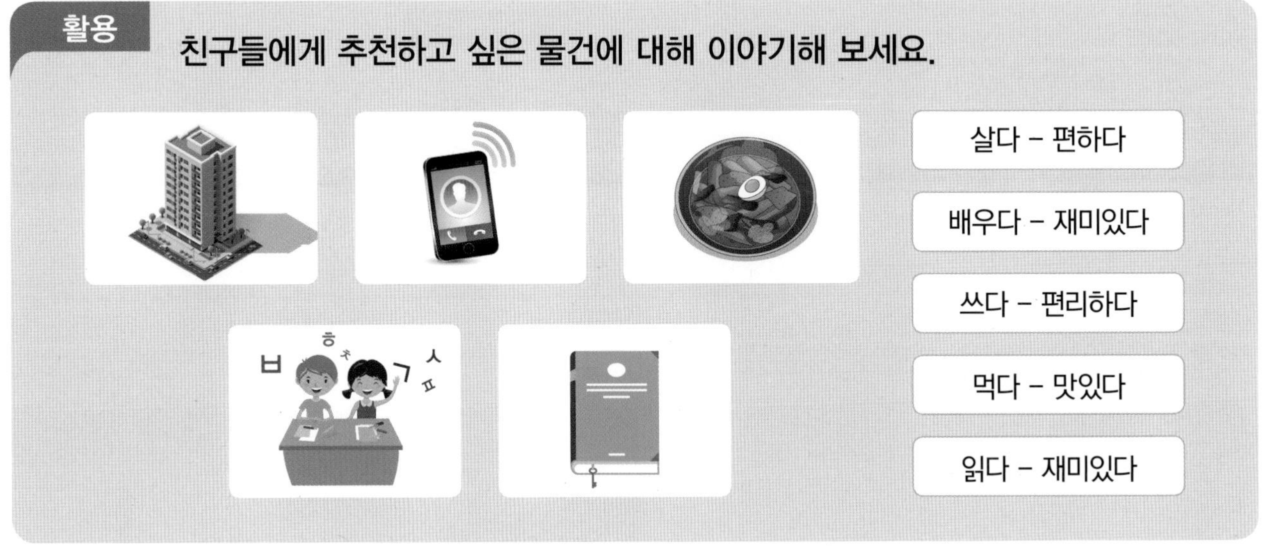

가: 지금 사는 집이 맘에 드세요?

나: 네, 살면 살수록 편해서 아주 마음에 들어요.
이사하려면 우리 동네로 오세요.

-(으)ㄹ 수밖에 없다 준비❷

수리할 수 있어요?
가전 수리실
이 제품은 더 이상 부품이 안 나와요. 불편해도 그냥 쓸 수밖에 없어요.

예문

- 길이 막혀서 지하철을 탈 수밖에 없어요.
- 다른 물건이 다 팔려서 이걸로 살 수밖에 없어요.

형태

-ㄹ 수밖에 없다	-을 수밖에 없다
살 수밖에 없다	읽을 수밖에 없다
쓸 수밖에 없다	앉을 수밖에 없다

활용 어떻게 해야 하는지 이야기해 보세요.

휴대폰이 고장 났는데 부품이 없대요.

회사가 너무 멀어서 자주 지각해요.

옷이 작은데 교환이 안 돼요.

김치가 떨어졌는데 담글 시간이 없어요.

시간이 너무 늦어서 버스가 끊겼어요.

새로 사다　　이사하다　　다른 사람한테 주다　　택시를 타다　　마트에서 사다

가: **휴대폰이 고장 났는데 부품이 없대요.**

나: **그럼 새로 살 수밖에 없네요.**

준비❸ -는 데

예문

- 3일 동안 제주도를 여행하는 데 돈이 얼마나 들까요?
- 밥을 먹는 데 2시간이나 걸렸어요.

형태

-는 데
가는 데
먹는 데

활용 시간이 얼마나 걸려요? 돈이 얼마나 들어요? 친구와 이야기해 보세요.

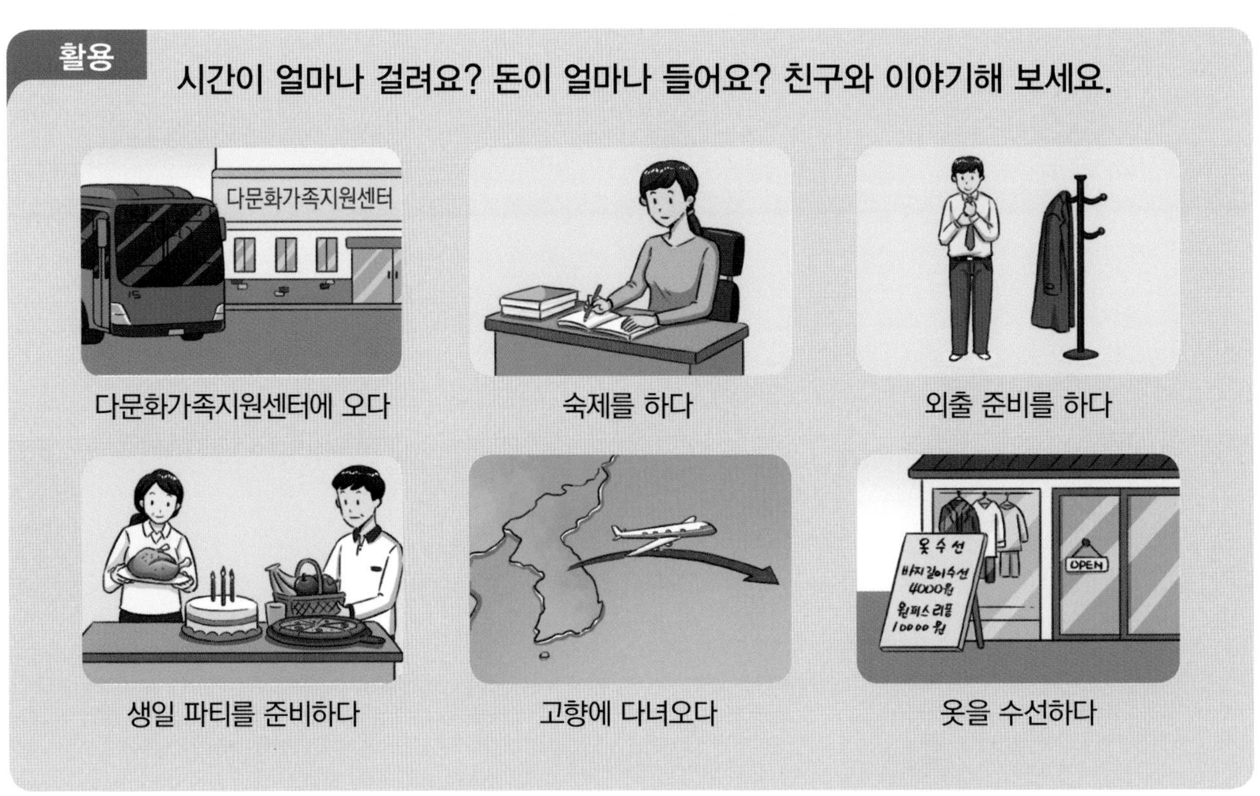

다문화가족지원센터에 오다 / 숙제를 하다 / 외출 준비를 하다

생일 파티를 준비하다 / 고향에 다녀오다 / 옷을 수선하다

가: 다문화가족지원센터에 오는 데 시간이 얼마나 걸려요?
나: 버스로 30분쯤 걸려요.

가: 아이 생일 파티 준비하는 데 돈이 얼마나 들었어요?
나: 10만 원쯤 들었어요.

휴대 전화 수리 의뢰하기

과제

Track 14-2

동영상을 봅시다 아미르 씨가 서비스 센터에서 휴대 전화 수리를 맡깁니다.

아미르 씨는 무엇을 고치려고 해요?

수리하는 데 시간이 얼마나 걸려요?

직 원 여기 앉으세요. 어떤 문제가 있으신가요?

아미르 배터리가 너무 빨리 닳고 액정도 여기가 조금 깨졌어요.

직 원 아, 배터리는 쓰면 쓸수록 사용 시간이 짧아져서 이럴 경우 새 배터리를 구입하실 수밖에 없을 것 같습니다.

아미르 그럼 액정은 수리하는 데 얼마나 들까요?

직 원 이렇게 조금 깨져도 전체를 바꾸어야 하니까 똑같이 12만 원입니다. 액정을 교체해 드릴까요?

아미르 네, 그리고 배터리도 하나 주세요.

직 원 네, 그럼 저쪽 의자에서 30분만 기다려 주시겠어요? 수리가 끝나면 이름을 불러 드리겠습니다.

발음 Track 14-3 

- 닳고[달코]
- 액정[액쩡]
- 구입하실 수밖에[구이파실쑤바께]

☐ 배터리 ☐ 닳다 ☐ 구입하다 ☐ 전체 ☐ 똑같이 ☐ 교체하다

대화해 봅시다

사람1 • 손님입니다. 서비스 센터에 가서 어디가 고장 났는지 설명하세요.

사람2 • 서비스 센터 직원입니다. 어떻게 해야 하는지 설명하세요. 그리고 수리 비용과 걸리는 시간을 말해 주세요.

사람1		사람2		
고장 난 물건	증상	진단	수리비	수리 시간
휴대 전화	배터리가 빨리 닳는다 액정이 깨졌다	배터리를 사다 액정을 교체하다	액정 교체 12만 원	30분
청소기	청소가 잘 안 된다 소리가 너무 크다	모터를 교체하다	모터 교체 5만 원	40분
정수기	물에서 냄새가 난다	필터를 교체하다	필터 교체 8만 원	1시간
드라이기	전원이 자꾸 꺼진다	전기선을 교체하다	선 교체 만 오천 원	1시간

표현

수리를 맡길 때

- 어디가 고장인지 좀 봐 주세요.
- 수리하는 데 비용이 얼마나 들어요?
- 수리비가 얼마예요?
- 수리하는 데 시간이 얼마나 걸려요?
- 전원이 자꾸 꺼지는데 왜 그런 거지요?
- 물에서 냄새가 나는 것 같은데 좀 봐 주시겠어요?
- 소음이 너무 심한데 어떻게 해야 할까요?

수리를 맡을 때

- 제품을 살펴봐야 알 것 같습니다.
- 12만 원쯤 듭니다.
- 수리비는 12만 원입니다.
- 한 시간쯤 걸립니다.
- 이런 경우 모터를 교체할 수밖에 없습니다.
- 전기선을 교체해야 할 것 같습니다.
- 부품이 더 이상 안 나와서 수리가 어려울 것 같습니다.

들어 봅시다

여자가 옷 수선을 맡기러 갔습니다. 다음을 잘 듣고 질문에 답하세요. Track 14-4

1. 여자는 무슨 옷을 수선하려고 해요?

____

2. 다음 중 맞는 것을 고르세요.

① 손님은 옷이 짧아서 길이를 늘렸어요.
② 손님은 통이 넓어서 수선하려고 해요.
③ 손님의 옷 수선비는 만 오천 원이에요.
④ 손님은 이틀 후에 옷을 찾을 수 있어요.

읽어 봅시다

다음 수선표를 보고 질문에 답하세요.

리폼 하우스 의류 수선 가격표

길이 수선	치마/바지 4,000원, 코트 8,000원
통 수선	치마/바지 6,000원, 재킷/코트 10,000원
어깨 수선	셔츠/블라우스 8,000원, 재킷/코트 15,000원
허리 수선	치마/바지 6,000원, 청바지 8,000원
지퍼 수선	작은 사이즈 3,000원, 큰 사이즈 6,000원

※ 리폼은 상담 후 결정합니다.

1. 여기는 어디예요?

____

2. 맞으면 ○, 틀리면 × 하세요.

1) 치마 길이 수선비는 4,000원이에요. (　　)
2) 허리 수선은 청바지가 치마보다 싸요. (　　)

도전

1 오래전에 산 옷인데 버리기 아까워서 수선하려고 합니다. 어떻게 수선하면 좋은지 설명해 보세요.

이 치마를 어떻게
수선하고 싶으세요?

아, 얼마나 늘려 드릴까요?

10센티미터 정도 늘려 주세요.

네. 알겠습니다.
수선비는 4,000원이에요.

수선하는 데 얼마나 걸려요?

한 시간 뒤에 오세요.

문화를 알아봅시다

품질 보증서는 꼭 보관해 두세요

여러분은 제품의 품질 보증서를 보관하고 있어요?

에어컨, 선풍기, 냉풍기, 보일러, 난로 등 계절상품의 품질 보증 기간은 2년이에요. TV, 냉장고, 정수기, 가습기, 세탁기 등 기타 전자 제품의 품질 보증 기간은 1년이에요. 품질 보증 기간 내에는 무상으로 수리를 받을 수 있어요. 보증서에 구입한 날짜를 기록해 두시고 영수증도 잘 보관하세요.

품질 보증 기간 계산은?	➡ 구입한 날짜로부터 계산해요. 교환받은 물건은 교환받은 날부터 계산해요
구입한 날짜를 잊어버렸을 때는?	➡ 제조일로부터 3개월을 더하고 보증 기간을 더한 기간이 품질 보증 기간이에요.

이런 피해에는	이런 보상을
구입 후 10일 이내에 수리가 필요할 때	제품 교환 또는 구입가 환급
구입 후 1개월 이내에 수리가 필요할 때	제품 교환 또는 무상 수리
품질 보증 기간 이내에 수리가 필요할 때	무상 수리
교환한 제품이 1개월 이내에 수리가 필요할 때	구입가 환급

하지만, 품질 보증 기간 이내라도 사용자의 실수로 고장이 났을 때는 무상으로 수리를 받을 수 없어요.

여러분 나라에서는 제품의 품질을 어떻게 보증해 줘요?

나	친구

다음 상황에서 여러분이 받을 수 있는 보상을 골라 보세요.

피해 내용	보상 내용		
냉장고를 3월 10일에 구입했는데 5일 뒤에 고장이 났어요.	무상 수리	제품 교환	구입가 환급
TV를 2월 1일에 구입했는데 10월 1일에 고장이 났어요.	무상 수리	제품 교환	구입가 환급

동영상을 봅시다
101
6
4
9
2
3
1
7

조용하기는커녕 시끄러워서 잠도 못 자겠어요.

아파트 같은 공동 주택에서 살면 이웃들과 어떤 문제가 생길 수 있을까요?

여러분은 불만 신고를 해 본 적이 있어요?

공동 주택에서 생긴 문제를 어떻게 해결해야 할까요?

따라 하세요

Track 15-1 

- 조용할 거 같은데 아니에요?
- 밤마다 시끄러워서 죽겠어요.
- 그럴 때는 윗집에 항의를 해야지요.

❶ 불법 주차 ❷ 경비 아저씨 ❸ 줄넘기
❹ 가로등 ❺ 운동 기구 ❻ 놀이터
❼ 애완견 ❽ 층간 소음 ❾ 경비실

준비❶ –(으)십시오

불만 신고를 하러 왔는데요.
통합 민원
네, 여기 민원 신청서를 써 주십시오.

예문

- 어서 오십시오. 몇 분이십니까?
- 여기에 앉으십시오.

형태

–십시오	–으십시오
가십시오	앉으십시오
들어오십시오	찾으십시오

활용 다음과 같이 더 정중하게 바꿔서 말해 보세요.

병원

- 어서 오세요.
- 여기 앉으세요.
- 처방전 받으세요.
- 약을 드시고 내일 또 오세요.

- 어서 오십시오.
- 여기 앉으십시오.
- 처방전 받으십시오.
- 약을 드시고 내일 또 오십시오.

식당

은/는커녕, -기는커녕 준비 ❷

에디 씨,
수영 잘해요?
물을 무서워해서
수영은커녕 물에도
못 들어가요.

예문

- 아침에 밥은커녕 물도 한 잔 못 마셨어요.
- 미안해하기는커녕 화를 내서 깜짝 놀랐어요.

형태

은커녕	는커녕	-기는커녕
책은커녕	바지는커녕	예쁘기는커녕
밥은커녕	우유는커녕	먹기는커녕

활용 다른 사람의 질문에 부정을 강조해서 대답해 보세요.

한국 요리를 잘하다 / 고향 요리도 못하다	만 원을 빌려주다 / 천 원도 없다	찌개를 잘 끓이다 / 라면도 못 끓이다
집에서도 공부하다 / 학교에서도 안 하다	매일 청소하다 / 일주일에 한 번도 안 하다	술을 잘 마시다 / 한 잔만 마셔도 취하다

한국 요리를 잘해요?

아니요. 한국 요리는커녕
고향 요리도 잘 못해요.

준비③ –아/어야지요

예문

- 내일 시험이면 오늘은 공부를 해야지요.
- 아침, 점심은 못 먹었으니 저녁이라도 먹어야지요.

형태

–아야지요	–어야지요	해야지요
찾아야지요	마셔야지요	청소해야지요
와야지요	먹어야지요	공부해야지요

엄마, 손으로 먹어도 돼요?
안 돼. 젓가락을 사용해야지.

활용 아이에게 해야 할 일을 강조해서 이야기해 보세요.

공부하다	사이좋게 지내다
두 손으로 받다	손을 씻다
뛰지 말다	자리를 양보하다

불만 표현하기 과제

Track 15-2

동영상을 봅시다 에디 씨와 나트 씨가 이사 간 집에 대해 이야기합니다.

- 에디 씨는 이사한 집이 왜 마음에 안 들어요?
- 에디 씨는 문제를 어떻게 해결하려고 해요?

나트 이사 잘 했어요? 이사한 집은 마음에 드세요?

에디 조용한 집이라고 들었는데 조용하기는커녕 시끄러워서 잠을 자려고 해도 잘 수가 없어요.

나트 그래요? 주변에 도로도 없고 상가도 없어서 조용할 거 같은데 아니에요?

에디 주변은 조용해요. 그런데 윗집에 어린아이들이 여러 명 있는 거 같아요. 밤마다 시끄러워서 죽겠어요.

나트 그럴 때는 윗집에 항의를 해야지요.

에디 벌써 했죠. 그런데 얘기해도 며칠만 조용하고 다시 시끄러워지더라고요. 윗집 사람하고 싸울 수도 없고 너무 답답해요.

나트 그럼 이번에는 "9시부터는 조금만 조용히 해 주십시오."라고 메모를 붙여 보면 어때요? 그래도 또 시끄럽게 하면 그때는 관리 사무소에 신고해야지요.

에디 그거 좋은 생각이네요. 그럼 메모부터 붙여 봐야겠어요.

☐ 항의(를) 하다 ☐ 답답하다 ☐ 메모 ☐ 붙이다

발음 Track 15-3

- 윗집[위찝]
- 주십시오[주십씨오]
- 붙여[부처]

대화해 봅시다

사람1 • 이사한 집에 대한 불만을 이야기해 보세요.

사람2 • 이사한 집에 대한 불만을 듣고 해결 방법을 조언해 주세요.

사람1	사람2	
불만	조언	
• 조용하다고 들었는데 아니다 • 밤마다 시끄러워서 잠을 못 잘 정도이다	메모를 붙여 보다	관리 사무소에 신고하다
• 공기가 좋다고 들었는데 아니다 • 담배 연기가 올라와서 창문을 못 열다	아래층에 이야기해 보다	주민 센터에 신고하다
• 난방이 잘되는 집이라고 들었는데 아니다 • 추워서 집 안에서도 겉옷을 못 벗다	보일러 수리를 받아 보다	집주인에게 이야기하다
• 조용하고 깨끗한 집이라고 들었는데 아니다 • 개똥도 여기저기 있고 개 짖는 소리 때문에 시끄러워서 살 수가 없다	개 주인에게 항의해 보다	관리 사무소에 신고하다

표현

불만을 이야기할 때

- 시끄러워서 잠을 자려고 해도 잘 수가 없어요.
- 밤마다 시끄러워서 죽겠어요.
- 윗집 사람하고 싸울 수도 없고 너무 답답해요.
- 담배 냄새 때문에 살 수가 없어요.
- 너무 추워서 겉옷을 벗기는커녕 더 껴입어야 해요.
- 개 짖는 소리 때문에 힘들어 죽겠어요.

불만 해결을 조언할 때

- 그러면 항의를 해야지요.
- 먼저 이야기를 해 보는 게 어때요?
- 경비실에 전화해서 조용히 해 달라고 부탁하는 게 어때요?
- 관리 사무소에 신고해야지요.
- 그런 건 가만히 있으면 안 되지요.
- 그런 건 한마디 해야지요.

들어 봅시다

두 사람이 스포츠 센터의 환불에 대해서 이야기합니다. 다음을 잘 듣고 질문에 답하세요. Track 15-4

1. 여자는 왜 소비자보호원에 신고하려고 해요?

____

2. 맞으면 ○, 틀리면 × 하세요.

1) 여자는 바빠서 수영 강습을 연기하고 싶어요. (　　)

2) 남자는 전에 스포츠 센터 강습료를 환불 받은 적이 있어요. (　　)

3) 소비자보호원에 신고하려면 인터넷 사이트를 이용하면 돼요. (　　)

말해 봅시다

상대가 기분이 나쁘지 않게 불만을 이야기해 보세요.

도서관에 공부하러 갔는데 옆에 앉은 사람이 계속 떠듭니다.	- 죄송하지만 나가서 이야기하시면 안 될까요? - 죄송하지만 좀 조용히 해 주십시오.
아래층에서 담배 연기가 위로 올라와서 창문을 열 수가 없습니다.	
옆집 피아노(음악) 소리가 너무 커서 잠을 잘 수가 없습니다.	

도전

1 다음 포스터를 보고 질문에 답해 보세요.

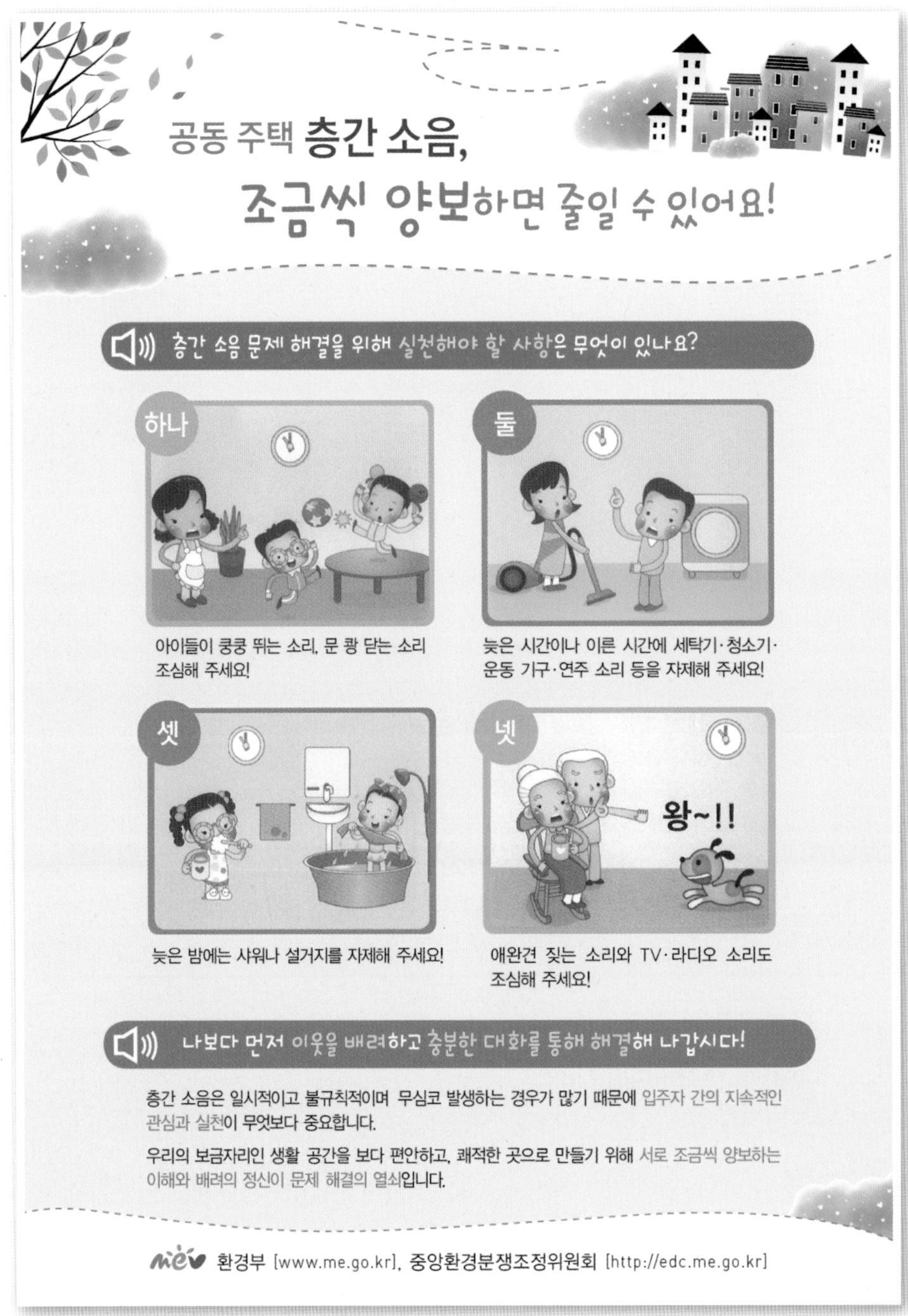

1) 층간 소음을 줄이기 위해서 무엇을 조심해야 해요?

____

2) 층간 소음 문제를 해결해 주는 기관은 어디예요?

____

문화를 알아봅시다

어디에 신고를 해요?

여러분은 제품을 사용하거나 서비스를 이용하는 과정에서 피해를 입은 적이 있어요? 그때 어떻게 했어요?

사례 1 휴대 전화를 사용하고 있는데 화면 불량, 버튼 불량으로 4회 정도 수리를 받았고 품질 보증 기간은 지났어요. 지금도 가끔 전원이 꺼지는데 환불이 가능해요?

사례 2 헬스클럽에 3개월 등록했어요. 트레이너가 가르쳐 주는 방식이 마음에 들지 않아요. 이용료를 돌려 달라고 할 수 있을까요?

한국어로 상담이 가능해요

전화 상담
국번 없이 1372로 하세요.
상담 시간은 평일 09:00~18:00예요.

인터넷 상담
www.ccn.go.kr(1372 소비자상담센터)에 접속 → 인터넷 상담 신청 클릭 → 내용을 작성하면 돼요.

한국어로 상담이 어려워요

Multicultural family Helpline
1577-1366

다누리콜센터(1577-1366)로 전화하세요. 한국어는 물론이고 영어, 중국어, 베트남어, 일본어, 타갈로그어, 크메르어, 우즈베크어, 라오스어, 러시아어, 타이어, 몽골어, 네팔어로 상담이 가능해요. 전문 상담원의 도움을 받을 수 있어요.

여러분은 지금 상담받고 싶은 것이 있어요? 어떤 것인지 말해 보세요.

	상담 내용
나	
친구	

출처: 1372 소비자상담센터(www.ccn.go.kr)

동영상을 봅시다
1
2
4
6

향수병인가 봐요.

여러분은 고향이 언제 가장 그리워요?

고향의 무엇이 가장 그리워요?

고향이 그리울 때 어떻게 해요?

따라 하세요

Track 16-1

- 향수병에 걸렸나 봐요.
- 향수병요?
- 그럼 좀 괜찮아지더라고요.

❶ 저고리 ❷ 치마 ❸ 스피커 ❹ 마루
❺ 송편 ❻ 손주 ❼ 영상 통화

준비① -(으)ㄴ지/-는지

예문

- 이 물을 마셔도 되는지 모르겠어요.
- 어떤 것이 좋은지 말해 주세요.

형태

-ㄴ지	-은지	-는지
피곤한지	좋은지	막히는지
예쁜지	작은지	운동하는지

엔젤 씨, 나트 씨 시험 공부 많이 했대요?
00 다문 가족지원센터
아니요. 몸이 아픈지 하루 종일 누워 있어요.

활용 다음 결과가 나타난 상황을 추측해서 이야기해 보세요.

	상황	결과
1	아기가 밤잠이 없다	항상 피곤하다
2	아이들이 집을 어지럽히다	집안 정리가 너무 힘들다
3	아이들이 자주 싸우다	말리느라고 힘들다
4	아이들이 집에서 많이 뛰다	아랫집에 미안하다
5	아이가 숙제를 안 하다	잔소리를 해야 하다

가: **엔젤 씨, 아영 씨는 잘 지낸대요?**

나: **네, 하지만 아기가 밤잠이 없는지 항상 피곤하대요.**

-(으)ㄴ가 보다/-나 보다 준비 2

저 식당에 가 봤어요?
OO부동산
OO식당
OO식당
불고기
김치찌개
불고기덮밥
된장찌개
OO식당
아니요. 그런데 사람들이 줄을 서 있는 걸 보니 저 식당 음식이 정말 맛있나 봐요.

예문

- 에디 씨가 또 장학금을 받았대요. 공부를 정말 열심히 하나 봐요.
- 나트 씨가 계속 웃고 있네요. 기분이 좋은가 봐요.

형태

-ㄴ가 보다	-은가 보다	-나 보다
예쁜가 보다	좋은가 보다	자나 보다
피곤한가 보다	작은가 보다	먹나 보다

활용 다음 그림을 보고 이 사람의 상황을 추측하여 말해 보세요.

상황	추측
	• 졸리다 • 배가 고프다
	• 회사에서 스트레스를 받는 일이 많다 • 늦게까지 야근을 했다
	• 둘이 싸웠다 • 둘이 헤어졌다

상황	추측
	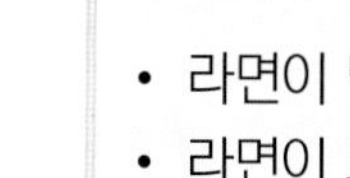 • 라면이 맵다 • 라면이 뜨겁다
	• 시험이 끝났다 • 오늘부터 방학이다

가: 아기가 졸리나 봐요.

나: 아기가 배도 고픈가 봐요.

준비③ -곤 하다

예문

- 고향에서는 주말에 친구들하고 자주 산에 가곤 했어요.
- 부모님과 같이 한국 식당에 가서 한국 음식을 먹곤 했어요.

형태

-곤 하다
가곤 하다
먹곤 하다

나트 씨는 어렸을 때 뭐 하고 놀았어요?
동생하고 같이 집 근처 바닷가에서 놀곤 했어요.

활용

여러분은 고향에서 시간이 있을 때마다 반복해서 했던 일이 있어요? 무슨 일을 했어요?

	자주 하던 일
1	집 근처 강가에서 동생들과 함께 수영을 하다
2	한국에서 유학하고 싶어서 아르바이트를 하다
3	부모님하고 같이 집 앞 공원에서 산책을 하다
4	영화를 좋아해서 영화관에서 영화를 보거나 컴퓨터로 영화를 보다
5	음악을 좋아해서 집에서 쉬면서 자주 음악을 듣다

가: **고향에서 시간이 있을 때마다 보통 뭐 했어요?**

나: **저는 집 근처 강가에서 동생들과 함께 수영을 하곤 했어요.**

향수병에 대해 조언해 주기 과제

Track 16-2

동영상을 봅시다 나트 씨와 엔젤 씨가 이야기합니다.

- 향수병이 뭐예요?
- 엔젤은 고향이 그리울 때마다 뭐 했어요?

엔젤 나트 씨, 요즘 무슨 일 있어요? 기분이 안 좋아 보여요.

나트 요즘 잠도 잘 안 오고 식욕도 없고 자꾸 고향 생각만 나요.
부모님이 건강하신지 형제들이 잘 지내는지 항상 걱정이 되고요.

엔젤 나트 씨, 향수병에 걸렸나 봐요.

나트 향수병요? 엔젤 씨도 저처럼 향수병에 걸린 적이 있어요? 그때 어떻게 했어요?

엔젤 가장 좋은 방법은 시간을 내서 고향에 다녀오는 거예요. 그런데 그렇게 안 될 때 저는 고향 친구들을 만나서 고향 말로 수다를 떨곤 했어요.
그럼 좀 괜찮아지더라고요.

나트 아, 그래요?

엔젤 그리고 고향에 가게 되면 가족들의 동영상도 많이 찍어 오세요. 그것도 자주 보면 조금은 도움이 되더라고요.

나트 그것도 좋은 생각이네요. 저도 해 봐야겠어요.

발음 Track 16-3

- 무슨 일[무슨닐]
- 식욕도[식욕또]
- 향수병[향수뼝]
- 걸렸나[걸련나]

☐ 식욕 ☐ 향수병 ☐ 시간을 내다 ☐ 수다를 떨다 ☐ 동영상

대화해 봅시다

사람1 • 고향이 너무 그리운 외국인입니다. 친구에게 이야기하고 조언을 구하세요.

사람2 • 친구가 향수병에 걸린 것 같습니다. 그 상황일 때 어떻게 하면 좋은지 이야기하고 조언해 주세요.

	상황		조언
1	명절에	잠도 잘 안 오고 식욕도 없다 / 부모님이 건강하신지 형제들이 잘 지내는지 항상 걱정이 된다	시간을 내서 고향에 다녀오다 / 고향 친구들을 만나서 고향 말로 수다를 떨다
2	친구들과 수다를 떨고 싶을 때	친구들이 잘 지내다 / 궁금해서 고향에 가고 싶다	요즘은 인터넷 전화가 무료니까 친구들과 영상 통화를 하다
3	고향에서 키우던 애완동물이 너무 보고 싶을 때	강아지가 나를 기억하다 / 궁금해서 집에 가고 싶다	가족들에게 사진을 보내 달라고 하다
4	한국 음식이 지겨울 때	친구들과 먹곤 하던 음식이 너무 먹고 싶다 / 고향에 너무 가고 싶다	가족에게 양념을 보내 달라고 하다
5			

표현

고향이 그리워서 말할 때	확인하려고 물어볼 때
• 가족들이 잘 있는지 걱정이 돼서 잠도 잘 안 와요. • 가족들이 너무나 보고 싶어서 잠을 잘 수가 없어요. • 한국에서 바다를 보면 어렸을 때 친구들과 같이 놀곤 하던 고향의 바닷가가 생각나요.	• 향수병요? • 향수병이라고요? • 엔젤 씨도 향수병에 걸렸던 적이 있지요? • 향수병요? 그게 뭔데요?

들어 봅시다

나트 씨와 에디 씨가 이야기를 합니다. 다음을 잘 듣고 질문에 답하세요. Track 16-4 

1. 에디 씨 어머니는 언제 치킨 수프를 만들어 주셨어요?

____

2. 나트 씨는 언제 고향 생각이 나요?

____

3. 맞으면 ○, 틀리면 × 하세요.

1) 에디 씨는 나트 씨가 만든 삼계탕이 맛이 없어요. (　　)
2) 에디 씨 어머니는 한국에 계세요. (　　)
3) 나트 씨의 고향 집은 바다하고 가까웠어요. (　　)

말해 봅시다

여러분은 고향이 그리울 때가 있어요? 그럴 때마다 어떻게 해요? 친구들과 이야기를 해 보세요.

친구 이름	고향이 그리울 때마다 하는 일

도전

1 외국인들의 한국 생활과 정착을 돕기 위하여 만들어진 웹 사이트입니다. 다음을 읽고 질문에 답하세요.

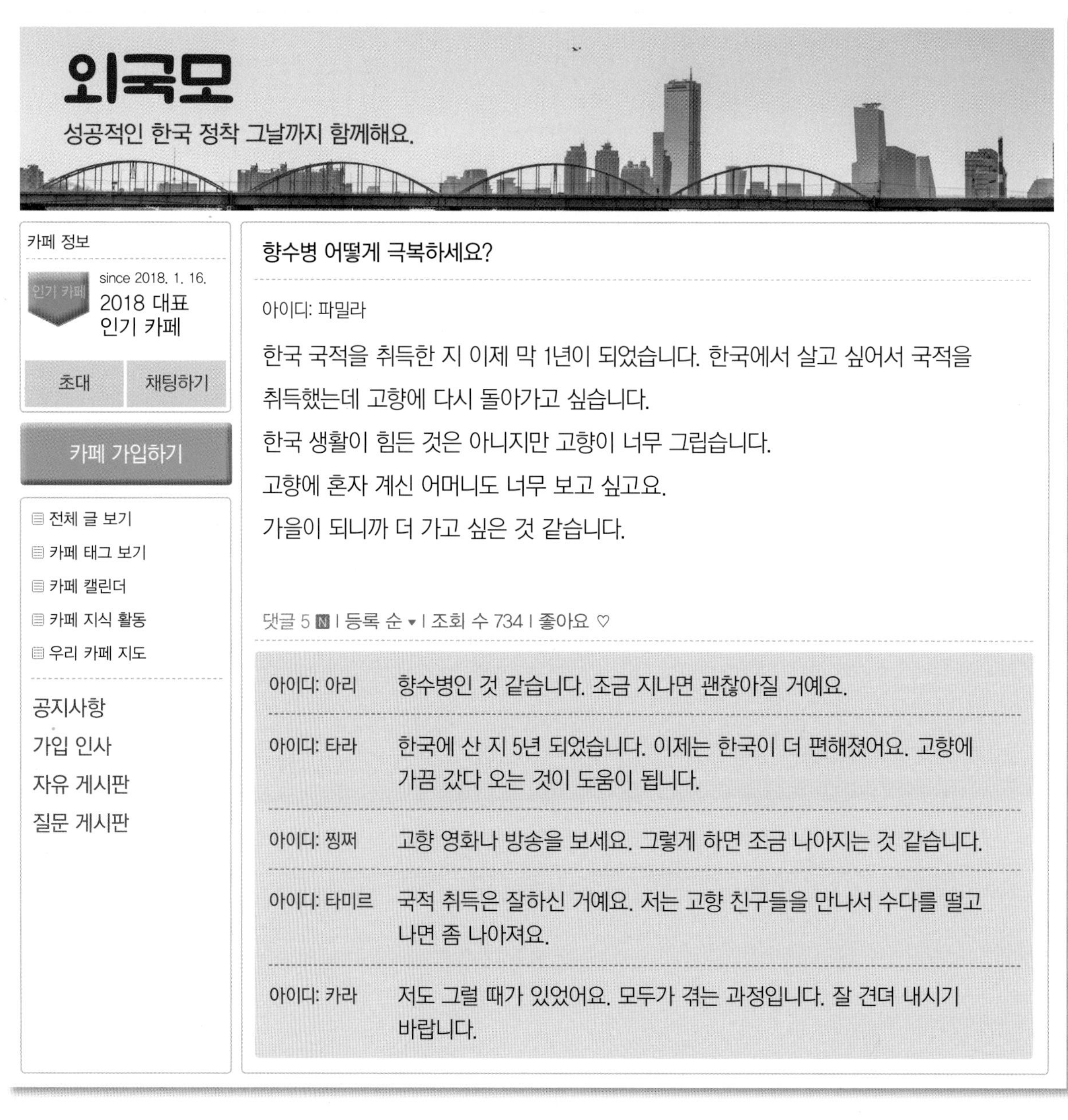

외국모
성공적인 한국 정착 그날까지 함께해요.
카페 정보
인기 카페
since 2018. 1. 16.
2018 대표 인기 카페
초대
채팅하기
카페 가입하기
전체 글 보기
카페 태그 보기
카페 캘린더
카페 지식 활동
우리 카페 지도
공지사항
가입 인사
자유 게시판
질문 게시판
향수병 어떻게 극복하세요?
아이디: 파밀라
한국 국적을 취득한 지 이제 막 1년이 되었습니다. 한국에서 살고 싶어서 국적을 취득했는데 고향에 다시 돌아가고 싶습니다.
한국 생활이 힘든 것은 아니지만 고향이 너무 그립습니다.
고향에 혼자 계신 어머니도 너무 보고 싶고요.
가을이 되니까 더 가고 싶은 것 같습니다.
댓글 5 N | 등록 순 ▾ | 조회 수 734 | 좋아요 ♡
아이디: 아리 향수병인 것 같습니다. 조금 지나면 괜찮아질 거예요.
아이디: 타라 한국에 산 지 5년 되었습니다. 이제는 한국이 더 편해졌어요. 고향에 가끔 갔다 오는 것이 도움이 됩니다.
아이디: 찡쩌 고향 영화나 방송을 보세요. 그렇게 하면 조금 나아지는 것 같습니다.
아이디: 타미르 국적 취득은 잘하신 거예요. 저는 고향 친구들을 만나서 수다를 떨고 나면 좀 나아져요.
아이디: 카라 저도 그럴 때가 있었어요. 모두가 겪는 과정입니다. 잘 견뎌 내시기 바랍니다.

1. 파밀라 씨는 왜 이 글을 썼어요?

① 가을이라서 썼다. ② 한국에 살고 싶어서 썼다.
③ 고향이 너무 그리워서 썼다. ④ 국적을 취득하기 위해서 썼다.

2. 맞으면 ○, 틀리면 × 하세요.

1) 타라 씨는 5년 전에 한국에 왔다. ( )
2) 카라 씨도 향수병에 걸린 적이 있다. ( )
3) 아리 씨는 향수병에 걸렸었지만 지금은 괜찮아졌다. ( )
4) 타미르 씨는 고향 친구들을 만나서 이야기를 듣고 국적 취득을 결심했다. ( )

봉사 동호회에 가입해 보세요

여러분은 봉사 활동에 참여해 본 적이 있어요?

여러분은 봉사 활동에 참여해 본 적이 있어요? 2007년 최악의 기름 유출 사고로 태안반도의 갯벌은 어떤 생명도 살 수 없는 죽음의 땅이 되었지요. 전문가들은 복구하는 데 최소 10년은 걸릴 것이라고 하였어요. 하지만 채 3년이 안 되어 갯벌은 다시 깨어나기 시작했어요. 전국 각지에서 자발적으로 모인 120만 명이 넘는 자원봉사자들의 땀이 있었기 때문이지요.

예전에는	요즘은	녹색어머니회와 이주민 봉사단

한국에는 옛날부터 농촌을 중심으로 울력, 두레, 품앗이 등을 통해 어려울 때 서로 돕는 문화가 있었어요. 농사는 물론이고 관혼상제 때도 마찬가지였어요. 산업화 사회가 되면서 이와 같은 전통은 많이 사라졌지만 지금의 자원봉사라는 이름으로 이어졌다고 할 수 있어요.	한국에서는 88올림픽을 계기로 자원봉사 활동에 대한 인식이 생겼어요. 개인뿐만 아니라 기업 등 단체에서 봉사를 하기도 해요. 무료 급식소, 아동 보호 기관, 장애인 복지관, 노인 복지관, 요양원 등에서 청소, 노인 나들이 활동 보조, 아동 멘토링(학습, 정서), 조리 및 배식 보조, 의료 등의 봉사를 해요.	초등학교의 녹색어머니회에서는 학교 앞 어린이 등하굣길 교통안전 지도 봉사 활동을 하고 있어요. 다문화가족지원센터에서도 결혼 이민자들이 봉사단을 만들어 이 · 미용 봉사, 노인 말벗 해 드리기, 모국 전통 춤 공연 등의 봉사를 정기적으로 하고 있어요.

여러분 나라의 사람들은 어떤 봉사 활동에 참여해요?

	봉사 활동
나	
친구	

여러분은 어떤 봉사 활동에 참여했어요? 앞으로 하고 싶은 봉사 활동이 있어요?

1과 취직하기 위해서 한국어를 배우고 있어요.

과제 들어 봅시다

1. ③
2. 1) ×
   2) ○
   3) ×

과제 읽어 봅시다

1) 수원 다문화가족지원센터에 다녀요.
2) 가나여행사 직원이었어요.
3) 가나예요.

2과 한국어를 아주 잘하던데요.

과제 들어 봅시다

1. 1) ×
   2) ○
   3) ×

과제 읽어 봅시다

1. 1) ×
   2) ×
2. 이 글은 한국에 사는 외국인에게 수제비가 유명한 식당을 소개하기 위한 글이에요.

3과 자가 씨가 결혼한다고 해요.

과제 들어 봅시다

1. ① 결혼 소식
2. ③ 청첩장 준비

과제 읽어 봅시다

1. ④ 결혼에 대한 기혼자의 의식 조사
2. ④ 적은 사람을 초대하는 소규모 결혼식

4과 다음 달에 결혼하기로 했어요.

과제 들어 봅시다

1. 신랑: 아미르, 신부: 자가
2. ④ 주례는 두 사람이 결혼하게 되면 이제 어려움이 없을 거라고 했어요.

도전

1. ④ 두 사람은 예식장에서 결혼을 한다.

5과 임신 축하해요!

과제 들어 봅시다

1. 술, 커피, 담배
2. 2) 배 속 아기의 건강을 확인해야 해서
3. 1) 나트 씨는 임신을 확인하기 위해서 병원에 왔습니다.

과제 읽어 봅시다

1. 산전 검사(소변 검사)
2. 모유 수유, 임산부 체조, 출산 준비, 아기 마사지
3. 2) 이 보건소에서는 임산부에게 임신 관련 책도 빌려줘요.

6과 어린이집이 좀 가까웠으면 좋겠어요.

과제 들어 봅시다

1. ① 설날
2. ① 나트 – 아이하고 같이 고향 부모님을 만나고 싶어요.
   ② 석훈 – 아내가 한국 국적을 빨리 취득했으면 좋겠어요.
   ③ 시누이 – 졸업 후에 원하는 직장에 취직하고 싶어요.
3. ② 나트는 올해 이미 한국 국적을 취득했어요.

과제 읽어 봅시다

1. ① 연하장
2. ③ 소망

7과 이 집은 남향인 데다가 교통도 편리해요.

과제 들어 봅시다

1. 집이 먼 데다가 교통비도 많이 들어서 회사 근처로 이사하려고 해요.
2. ④ 여자는 회사에서 가까운 곳으로 이사하고 싶어요.

과제 읽어 봅시다

1. 다섯 칸이에요.
2 ① ×
  ② ○

8과 화장실 타일이 많이 깨져 있어요.

과제 들어 봅시다

1. 1) 보일러: 보일러가 안 켜져요.
   2) 화장실: 타일이 자꾸 떨어져요.
2. 1) ×
   2) ×
   3) ○

과제 읽어 봅시다

1. 1) ×
   2) ○
   3) ×

9과 요리를 하느라고 소리를 못 들었어요.

과제 들어 봅시다

1. ② 병원
2. ② 아미르 씨는 회의에 조금 늦을 거예요.

과제 읽어 봅시다

1. 이웃에게 사과하는 마음을 표현하기 위해서 직접 만든 쿠키를 두었어요.
2. 1) ×
   2) ○

10과 한 달에 한 번씩 적금을 넣고 있어요.

과제 들어 봅시다

1. ② 이사 와서 인사하려고
2.

월	화	수	목	금
		재활용품 버리기		
		재활용품 버리기	장 서는 날	

		재활용품 버리기		
		재활용품 버리기	장 서는 날	

과제 읽어 봅시다

1. 휴대 전화, 신용 카드, 교통 카드로 낼 수 있어요.
2. 환경도 지키고 기름값도 아낄 수 있어요.
3. 1) ×
   2) ×

11과 대형 마트에 갔더니 동네 마트보다 비싼 물건도 많더라고요.

과제 들어 봅시다

1. ③ 외식 횟수, 용돈
2. ④ 하루 용돈을 정해서 쓸 거예요.

과제 읽어 봅시다

1. ① → ⑦ → ⑤ → ③ → ④ → ② → ⑥
2. ② 공과금 고지서
   ③ 통장이나 카드

12과 절전 기능은 있나요?

과제 들어 봅시다

1. ③ 에어컨
2. ④ 아미르 씨는 세탁이 빨리 되는 세탁기를 사고 싶어 해요.

도전

1. ② 냉방
2. ③ 제습

13과 우유를 먹여서 재우세요.

과제 들어 봅시다

1. ③ 소아과
2. ① 토해요.
   ② 열이 나요.
   ④ 설사를 해요.
3. ① 약을 먹여야 해요.

④ 오늘은 보리차를 먹이는 게 좋아요.

과제 읽어 봅시다

입히세요 / 씌워 주세요 / 신기고 / 태워서 / 씻겨 주세요 / 재워 주세요

도전

1. ③ 눕혀서 노래를 들려 주는 게 좋다.

14과 수리하는 데 시간이 얼마나 걸려요?

과제 들어 봅시다

1. 결혼 전에 산 원피스
2. ③ 손님의 옷 수선비는 만 오천 원이에요.

과제 읽어 봅시다

1. 의류 수선집
2. 1) ○
   2) ×

15과 조용하기는커녕 시끄러워서 잠도 못 자겠어요.

과제 들어 봅시다

1. 회사 일이 바빠져서 수영을 못 다니게 됐는데 스포츠 센터에서 환불해 주지 않아서 신고하려고 해요.
2. 1) ×
   2) ○
   3) ○

도전

1. 아이들이 쿵쿵 뛰는 소리, 문 쾅 닫는 소리, 늦은 시간이나 이른 시간의 세탁기·청소기·운동 기구·연주 소리, 늦은 밤의 샤워나 설거지 소리, 애완견 짖는 소리, TV·라디오 소리를 조심해야 해요.
2. 환경부, 중앙환경분쟁조정위원회예요.

16과 향수병인가 봐요.

과제 들어 봅시다

1. 에디 씨가 아플 때마다 치킨 수프를 끓여 주시곤 했어요.
2. 나트 씨는 텔레비전에서 바다가 나올 때마다 고향 생각이 나요.
3. 1) ×
   2) ×
   3) ○

도전

1. ③ 고향이 너무 그리워서 썼다.
2. 1) ○
   2) ○
   3) ○
   4) ×

1과 취직하기 위해서 한국어를 배우고 있어요.

과제

(전화 벨)
석훈: 여보세요?
나트: 여보, 저 나트예요.
석훈: 네, 무슨 일 있어요?
나트: 저기, 오늘 친구 자밀라가 한국에 오는 날인데요. 이따가 제가 공항에 못 나갈 거 같아요. 저 대신에 공항에 마중 나갈 수 있어요?
석훈: 몇 시인데요?
나트: 세 시에 도착하는 비행기예요.
석훈: 네, 괜찮을 것 같아요.
그런데 그 친구 이름이 뭐였지요?
나트: 자밀라예요.
석훈: 어떻게 생겼어요?
나트: 머리는 짧은 편이고, 얼굴은 갸름해요. 그리고 키는 좀 큰 편이에요.
석훈: 한국어를 할 수 있나요?
나트: 네, 할 수 있어요. 꽤 잘하는 편이에요.
석훈: 알았어요. 이따가 제가 데리고 집으로 갈게요.
나트: 고마워요. 이따가 봐요.

2과 한국어를 아주 잘하던데요.

과제

흐엉: 저는 어제 민지 씨를 처음 만났어요. 우리는 일주일에 한 번씩 만나서 언어 교환을 하려고 해요. 저는 민지 씨에게 베트남어를 가르쳐 주고 민지 씨는 저에게 한국어를 가르쳐 줄 거예요. 이야기해 보니까 민지 씨는 아주 따뜻한 사람 같았어요. 그리고 성격이 적극적이에요. 좋은 친구를 만나서 아주 기쁘고 앞으로 민지 씨와 좋은 친구가 되고 싶어요.

3과 자가 씨가 결혼한다고 해요.

과제

엔젤: 자가 씨, 오랜만이에요. 결혼한다는 소식을 들었는데 정말이에요?
자가: 네, 다음 달 20일에 결혼해요. 청첩장을 주문해 놓았는데 아직 안 나와서 연락 못 했어요.
엔젤: 자가 씨, 정말 축하해요! 그런데 신혼여행은 어디로 가요?
자가: 아미르 씨가 제주도로 가자고 해서 제주도로 가요.

4과 다음 달에 결혼하기로 했어요.

과제

남자: 오늘 신랑 아미르 군과 신부 자가 양의 결혼을 진심으로 축하합니다. 두 사람은 서로 다른 문화에서 자랐지만 이제 부부로 하나가 되기로 했습니다. 결혼은 서로 이해하는 것입니다. 생각이 다르더라도 서로 노력하다 보면 행복한 가정을 만들 수 있을 겁니다. 앞으로 많은 어려움이 있더라도 서로 도우면서 행복하게 사시기 바랍니다.

5과 임신 축하해요!

과제

의사: 축하합니다! 임신이 맞습니다.
나트: 아! 정말요?
의사: 네, 임신 초기니까 당분간 몸조심하셔야 합니다.
석훈: 네, 뭘 조심해야 하지요?
의사: 술이나 담배는 안 되고 커피를 너무 많이 마시는 것도 안 좋습니다. 그리고 남편 분도 산모 옆에서 담배를 피우시면 안 됩니다. 배 속 아기에게 안 좋거든요.
나트: 네, 알겠습니다.
의사: 그리고 한 달에 한 번씩 병원에 오셔서 검사를 받도록 하세요. 정기적으로 배 속 아기의 건강을 확인해야 하거든요.
석훈: 네, 알겠습니다.
의사: 그럼, 다음 달에 뵙겠습니다. 갈 때 산모 수첩도 받아 가세요.
나트, 석훈: 네, 안녕히 계세요.

6과 어린이집이 좀 가까웠으면 좋겠어요.

과제

나트, 석훈: 어머님, 아버님 새해에도 건강하세요.
그리고 새해 복 많이 받으세요.

시부모님: 그래, 너희도 새해에는 건강하고
행복해라.

나 트: 아가씨, 아가씨는 새해 소망이 뭐예요?

시 누 이: 제 소망은 올해 졸업하니까 좋은 직장에
취직하는 거예요. 새언니는요?

나 트: 여름에 아이랑 같이 고향에 갈 수
있었으면 좋겠어요. 저희 부모님이 아직
아이를 못 보셨거든요.

시 누 이: 꼭 다녀오셨으면 좋겠네요. 오빠는 올해
뭐 하고 싶어요?

석 훈: 나트가 빨리 한국 국적을 받을 수
있었으면 좋겠어. 이제 아이도
생겼으니까.

시 누 이: 아마 곧 그렇게 될 거예요.

석 훈: 너도 올해는 꼭 원하는 직장에 취직하게
될 거야.

7과 이 집은 남향인 데다가 교통도 편리해요.

과제

여자: 민수 씨는 어디에 살아요?

남자: 저는 집이 멀어서 회사 기숙사에 살아요.

여자: 기숙사에 살면 불편하지 않아요?

남자: 불편한 것도 있지만 회사가 가깝고 기숙사비도
싸 가지고 아주 편해요.

여자: 저도 집이 먼 데다가 교통비도 많이 들어서
회사 근처로 이사하려고 해요.

남자: 어떤 집을 찾으세요?

여자: 교통이 편리한 원룸을 찾고 있어요.

남자: 회사 근처에 새 원룸이 많아요. 부동산에 한번
가 보거나 부동산 앱으로 찾아보세요.

여자: 아, 그래요? 고마워요.

8과 화장실 타일이 많이 깨져 있어요.

과제

엔 젤: 여보세요?

집주인: 여보세요?

엔 젤: 한대빌라 주인이시지요?

집주인: 네, 그런데요.

엔 젤: 저 203호 세입자인데요.

집주인: 아, 안녕하세요. 오랜만이네요. 잘
지내시죠?

엔 젤: 네. 죄송하지만 뭐 좀 부탁드리려고요.

집주인: 집에 무슨 문제가 있어요?

엔 젤: 네, 저기 보일러가 안 켜져서 집이 너무
추워요.

집주인: 그래요? 언제부터 안 됐어요?

엔 젤: 며칠 전부터요.

집주인: 아, 그래요? 날씨도 추운데 빨리 고쳐
드려야겠네요. 또 고칠 거 없어요?

엔 젤: 요즘 화장실 타일이 자꾸 떨어져요. 그것도
같이 고쳐 주시겠어요? 아이가 있어서 너무
위험해서요.

집주인: 네, 그럼요. 제가 오늘 오후에 집에 가서
한번 볼게요.

엔 젤: 네, 그럼 이따가 뵙겠습니다.

집주인: 네, 그럼 오후에 전화하고 갈게요.

9과 요리를 하느라고 소리를 못 들었어요.

과제

석 훈: 여보세요?

아미르: 여보세요? 저 아미르예요.

석 훈: 아미르 씨, 금방 회의 시작하는데 안
오세요?

아미르: 정말 죄송합니다. 제가 갑자기 배가 아파서
병원에 오느라고 아직 출근을 못했어요.

석 훈: 정말요? 괜찮으세요?

아미르: 네, 지금은 괜찮아요. 죄송하지만 회의에
조금 늦을 것 같아요.
과장님께 말씀 좀 드려 주세요.

석 훈: 아, 알겠어요. 걱정하지 마세요.

10과 한 달에 한 번씩 적금을 넣고 있어요.

과제

(띵동)

나트: 안녕하세요? 저, 윗집에 이사 온 사람인데요. 이 떡 좀 드세요.

이웃: 네, 감사합니다. 잘 먹을게요.

나트: 제가 모르는 것이 많으니까 많이 가르쳐 주세요.

이웃: 네, 혹시 재활용 쓰레기는 언제 버리는지 아세요?

나트: 잘 모르는데요. 무슨 요일이에요?

이웃: 재활용 쓰레기는 매주 수요일마다 버릴 수 있어요. 잊지 말고 그날 버리세요. 그리고 우리 아파트는 2주에 한 번씩 목요일마다 장이 서니까 그때 야채나 과일을 사면 싸고 좋을 거예요.

나트: 정말 감사해요. 그런 정보를 몰라서 실수할까 봐 걱정했거든요.

11과 대형 마트에 갔더니 동네 마트보다 비싼 물건도 많더라고요.

과제

나 트: 어떻게 하면 생활비를 줄일 수 있을까요?

박유미: 나트 씨, 외식을 자주 해요?

나 트: 네, 외식을 자주 하는 편이에요.

박유미: 그럼, 외식 횟수를 정하는 게 좋아요. 한 달에 세 번으로 정했으면 세 번만 외식을 하고 다른 날에는 집에서 먹는 거예요. 저도 작년에 외식을 많이 했더니 생활비가 더 들더라고요.

나 트: 좋은 방법이네요. 이제 외식을 줄여야겠어요.

박유미: 그리고 하루 용돈을 정해서 돈을 쓰면 생활비를 줄일 수 있어요.

나 트: 쉬운 방법인데 생각을 못했네요. 오늘부터 당장 시작해야겠어요.

12과 절전 기능은 있나요?

과제

직 원: 어서 오세요, 뭘 찾으세요?

자 가: 전자 제품 좀 보러 왔는데요.

직 원: 네, 지금 세탁기 특별 할인 중입니다.

아미르: 저희는 신혼부부예요. 그래서 세탁기뿐만 아니라 냉장고, 전기밥솥, 청소기, TV, 선풍기도 사려고 하는데요. 신혼부부가 쓸 만한 제품 좀 보여 주시겠어요?

직 원: 우선 세탁기부터 보실까요? 이쪽으로 오시죠. 특별히 원하시는 기능이 있으신가요?

아미르: 급속 세탁 기능이 있어서 전기 요금이 적게 나오면 좋겠어요.

13과 우유를 먹여서 재우세요.

과제

의사: 어떻게 오셨습니까?

나트: 아기가 어제부터 열이 나고 토해요.

의사: 설사도 했어요?

석훈: 네, 오늘 아침에요.

의사: 감기네요.

나트: 감기요?

의사: 네, 열이 높아서 토하고 설사도 하는 거예요.

석훈: 그럼 어떻게 해야 해요?

의사: 약을 처방해 드릴게요. 하루에 세 번씩 먹이세요.

나트: 우유를 계속 먹여도 되나요?

의사: 네, 하지만 오늘 저녁까지는 보리차만 먹이는 것이 좋겠어요.

석훈, 나트: 네, 알겠습니다.

14과 수리하는 데 시간이 얼마나 걸려요?

과제

여자 1: 어서 오세요. 어떻게 오셨어요?

여자 2: 옷 좀 리폼하려고요.

여자 1: 아, 네. 어떤 옷인가요?

여자 2: 결혼 전에 산 원피스인데 좀 길어서 길이도

줄이고 요즘 디자인으로 바꿔 보려고요.
여자 1: 네, 요즘 유행하는 원피스로 수선해 드릴게요. 어깨가 넓으니까 어깨를 줄이고 단추를 요즘 디자인으로 바꾸면 될 거 같아요. 길이는 얼마나 줄여 드릴까요?
여자 2: 무릎 정도로 줄여 주세요. 수선하는 데 얼마나 걸릴까요?
여자 1: 3일 후에 오시면 돼요.
여자 2: 수선비는 얼마예요?
여자 1: 만 오천 원이에요.
여자 2: 네, 예쁘게 해 주세요.

15과 조용하기는커녕 시끄러워서 잠도 못 자겠어요.

과제

남자: 지연 씨, 요즘도 수영 다녀요?
여자: 아니요. 회사가 바빠져서 못 다니게 되었어요. 돈을 내고 두 번밖에 못 가서 아까워요.
남자: 그럼 환불을 해 달라고 해야지요.
여자: 저도 가서 이야기했는데 연기는 되지만 환불은 안 된대요. 연기도 한 달만 가능하대요.
남자: 왜요?
여자: 모르겠어요. 환불해 달라고 하니까 화만 내더라고요.
남자: 그럼 소비자보호원에 신고해 보세요. 저는 전에 스포츠 센터 수영 강습료를 전부 환불받은 적이 있어요.
여자: 그래요? 어떻게 신고하는 거예요?
남자: 소비자보호원 인터넷 사이트에서 신고하면 돼요.
여자: 아, 고마워요.

16과 향수병인가 봐요.

과제

나트: 에디 씨, 왜 그래요? 맛이 이상해요?
에디: 아니요, 맛있어요.
나트: 그런데 표정이 왜 그래요?
에디: 삼계탕을 먹으니까 갑자기 캐나다에 계시는 어머니께서 만들어 주시던 치킨 수프가 생각이 나서요.
나트: 치킨 수프요?
에디: 네, 삼계탕처럼 닭으로 만든 요리예요. 어머니께서 제가 아플 때마다 끓여 주시곤 했거든요.
나트: 아, 그래요? 저는 텔레비전에서 바다가 나올 때마다 고향 생각이 나요.
에디: 나트 씨의 집이 바닷가인가 봐요.
나트: 네, 그래서 주말마다 가족들하고 같이 바닷가에 놀러 가곤 했어요.
에디: 그렇군요.

영어

Koreans like gathering

What types of gathering do you attend?
In Korea, people enjoy relating to those who share a common interest with them. Family members who share a common blood line are referred to as being related by blood. Those who share the same hometown, graduated from the same school are also considered very close. Koreans enjoy these types of relationships and therefore, gatherings and reunions are common in Korea to reacquaint with people who share and have common backgrounds and interests.
Blood Ties(Family and Relative Reunion): Family members and relatives create gatherings for such things as happy events, sad events or gatherings to congratulate or provide mutual support.
Home Ties(Hometown Reunion): Because of education and work people who used to live in the same neighborhoods have reunions which are called "hyangwoohwe".
Academic Ties(School Reunion): People who graduated from the same school have alumni gatherings and reunions, which are called "dongchanghoe and dongmunhoe."
In Korea there are also many other forms of gathering, such as people who have the same hobbies, volunteer activities, and religious backgrounds. These types of gatherings are not only being done by Koreans, but all people who live in the community and we now see the increase in foreigners participating in them.
In your country, do you have gatherings? What are the similarities and differences between gatherings held in Korea and in your country.

How did you overcome adversity?

What is the hardest thing that you are currently trying to overcome?
Everybody in their lives face many adversities, however there are some who face more adversities than others. If you look at the newspaper, people who have achieved success have also faced many adversities, and through these adversities people mature and grow both mentally and physically. Those who have overcome adversities are more open with new perspectives on life, which everyone should remember.
A pianist with four fingers 이희아: She was born with congenital disease which left her with only two fingers on each hand and no legs below her things. She began playing the piano at 7 years old and practiced 13 hours every day to become a pianist. She believes that the piano is beautiful and gives hope ad happiness to herself and many others.
A disabled superman doctor 이승복: Due to an injury he received when he was a gymnast, he was paralyzed from the neck down. While rehabilitating and working hard he thought of becoming a doctor. After endless efforts he succeeded. He is currently giving hope to many patients at Johns Hopkins University Hospital in the United States.
A professor who has overcame burn marks 이지선: Due to a car accident during her senior year of college 55% of her whole body received third-degree burns and doctors even gave up on her treatment. However, after 11 procedures and countless treatments she studied and became a professor. She stressed that the accident was not the end but a new beginning.
What are the hardest things while living here in Korea? Please mark ◯ above what you find difficult.

Have you made a wedding invitation?

When you were getting married who did you invite?
In the past during marriages, it was not a burden to send to the house things that were needed or to provide some help as it was part of traditional Korean culture. However nowadays some couples send their wedding invitation letter to the person who is not close enough and it adds the burden to the person who is invited.
Wedding Invitation: Wedding invitations should be similar in format to a letter with an invitation to attend the wedding at the end. The date and time as well as the location should be written as well as directions. Nowadays some people add their bank account numbers on the invitation. Also, some invitations are given both in paper as well as via mobile phones.
Congratulations: In Korea, the bride and grooms families and relatives, as well as friends and acquaintances are invited to weddings. Guests usually put money in white envelops when attending a wedding while writing on it '축 결혼' or congratulations on your marriage. However, to be more polite and

formal, the date, amount of money and name should also go on the congratulation envelope.
In your country, who do you invite to weddings?
In your country, if you are invited to a wedding what gifts do you prepare?

What type of wedding are you going to have?

Are you currently married? If not what type of marriage would you like to have?
Koreans usually invite many people to their wedding ceremony, however those who can afford it also have marriages at hotels. Also, people with religion, have their weddings done in a church, temple, etc. However, there has been a gradual shift where weddings are smaller and only the closest family members and friends are being invited.
Traditional Marriage: Traditional wedding ceremonies do not have a lead host. The bride and groom face each other and bow, drink, and promise to be together for life. At the wedding ceremony there are various foods at the table such as chestnuts, beans, bamboo, chicken which carry the meaning of fertility, longevity, health, and many others.
Modern Marriage: A modern wedding ceremony has a lead host or someone who carries out the wedding, which is done mainly by a close friend or coworker. However, if the wedding ceremony is religious this is carried out by a priest. The person leading the wedding thanks everyone for attending the wedding and wish the couple a long and happy marriage. Recently, there are more and more cases of wedding ceremonies without a lead host.
In your country, what is the order that a wedding takes place?

Are family waiting for the day to meet our happiness

Conception dream of baby: There is a dream when you are pregnant which is called Taemong. The monther, father grand parents or other close relatives can have this dream. Normally in the dream there are animals, fruits or vegitables.
Giving the pre-birth baby a nickname: Before the baby is born the mother and father create a nickname which is called Taemyung. This is not based on sex, but is meant to bring happiness, health and be easy to use.
Prenatal education: Before the baby is born the mother tries her best to give the best influences on the baby, which is called Taekyo. She uses good words and actions and tries to have a relaxed mind. This education also includes good music and viewing beutitful scenes.

I want to live in Korea this way

What dreams do you have?
Is there a dream you would like to achieve? What is that dream? Is it perhaps traveling around the world? Become a translator, or even maybe inviting your family here? Have you ever written your dream down on paper? If there is a dream you would truly like to achieve, don't keep inside of you, but write it down on paper. Writing down your dreams is looked at as a way of making a promise to yourself.
Things you would like to have: Buying a nice car / Having a nice home / Receiving Korean citizenship / Owning your own Coffee Shop
Places you want to travel: Traveling around the world / Being able to go home often / Visiting Jeju Island
Things you would like to learn: Learning Korean / Learning to play a piano or guitar / Learning how to cook / Learning how to translate
Thing you would like to achieve: Meeting a celebrity that you like / Being a good mother / Traveling with your parents / Speaking like a Korean
Please write below your dreams and goals in life.

Do you live with your parents?

Who are you currently living with?
In Korea, there is a rapid change in the size of families and aging of the population. The rapid change in family size is mostly due to such things as people getting married late and an increase in the divorce rate. In addition, the Korean tradition of large families living together is rapidly changing to immediate family members only while people living alone are also increasing.
Back then: In the past, there were many extended families. Extended family means that about three generations of family live together in one home. For example, a married couple lives with their parents and their grandparents. Men usually work while women stay at home and do household work. In an

extended family the grandparents play a large role in the decisions made around the house. Due to three generations of family living together family love could truly be felt and understood.
Today: Nowadays there are many people who live on their own or just with their immediate family (wife, friend) instead of three generations. These are called nuclear families which consists of a couple, child, or a parent and their children. Due to industrialization and urbanization many people are moving to cities to seek education and employment, which increases the number of nuclear families. This has in turn diversified the shape of the families into single parent families, families with grandchildren, and non-married households.
Who lives in your home?

 I am trying to pack and move

Have you ever moved to a different place in Korea? How did you move?
Many Koreans move in the months of March-May and in the fall month of September-October. This period in Korea is called the moving season, and you have to decide whether to pack your things and move. Some people use moving companies, which just do the work for you. However, other people use packing companies, which pack and move things to your new home.
Back then: Back then the family, as well as relatives and friends helped with the moving. Moving was also considered an important day in one's life. The day that you move was considered very important, and many people choose to move on days that were not busy. Also, after moving people informed their neighbors that they have moved and often handed out things such as rice cakes.
Today: Nowadays, due to the busy work schedules, a lack of family help, and the increase in high rise apartments, many people are using packing companies to assist with their move. More than 70% of people who live in Korea use packing companies. The use of packing companies is very costly, however convenience is the major reason why more and more people are using them. When choosing a moving company, it is important to use a licensed company with insurance and to make sure that all your valuables or not damaged when the move is done.
Nowadays, if you move to a new home, the tradition of people visiting their new neighbors to say hello and share some food such as rice cakes is diminishing. The sharing of rice cakes was not only to recognize and say hello to your new neighbors, but also to start a positive relationship with them. Shouldn't this beautiful feature of traditional Korean culture stay around instead of disappearing?
In your country, when it comes to moving what were the steps and what were

 Sorry for my child jumpiing around

Where do you live? Have you ever been stressed due to noise from your neighbor's house?
In Korea 75% of the population lives in apartments, and this is the reason there is a high chance people will be exposed to noise. The noise can range from children running inside their homes to noise from appliances (such as the TV, vacuum cleaner, washer, etc.), which causes much controversy and stress between neighbors.
- Please teach your children good manners.
  Please put your children to bed before 10 pm.
  Use a mat on the floor to reduce noise.
- Please wear slippers inside your home.
- Please use pads under your furniture to reduce sound.
- Please try not to use appliances that make noises (washing machine, vacuum cleaner) in the early morning or late at night.

A multi-unit apartment is a space where many people live together. Even unintentional behavior can lead to noise and discomfort among your neighbors. However, if neighbors mutually respect and think of each other, this can help reduce the noises between floors.
※ Floor Noise Neighborhood Center (☎1661-2642)
In Korea have you ever had a disagreement or argument with your neighbor?
Where to report bankbook fraud: Financial Supervisory Service (http://www.fss.or.kr)→Complaints·Reports→Ill egal financial report center→reporting bankbook fraud Telephone: 1332 without station number (extension number 3)

10 You should never lend anyone your bankbook

Has anyone ever asked to borrow your bankbook? You should never lend your personal bank book to anyone. A fake bankbook called 'daepotongjang' is a bankbook that is opened by one person and used by another. These abnormal types of bankbooks are often used for various crimes such as voice phishing and Internet fraud. Transferring, lending, or selling bankbook/cash cards (debit cards) are against the Electronic Financial Transactions Act.

Where do I pay my utility bills?

What type of utility bills are you paying for here in Korea?

Utility bills range from taxes on your property, automobile, electricity, water, telephone, and sewage charges. You must pay a late fee if you do not pay by the due date, so please be on time. Also, there are many ways to pay for your utility bills without going to the bank nowadays.

- There is a way to make automatic utility payments the bank. All one needs is a bankbook or card to do so. However if a credit card is used to pay utilities one is responsible for any interests due on the card.
- There is also a way to pay utility bills at the convenience store.

  One can also pay by going to (www.giro.or.kr) which is very helpful and makes it unnecessary to go to the bank. However, a certification electronic key use needed for the website.
- There is also a method where utility bills are payed monthly automatically through one's checking account. However, on the day that payments are due there must be money in the account otherwise a late fee will be charged.
- Utilities can also be paid automatically with a credit card along with other monthly payments. If one pays their utilities by credit there are benefits such as discounts as well as accumulate rewards and cash back.

How are you currently paying for your utilities?

What methods are you currently using to try and reduce your utility bills?

Make sure to read the instruction manual

Do you read the instruction manual before you use an electronic product?

Have you heard of a fire that occurred in a Kimchi refrigerator? Why did the fire occur? User manuals explain how to use the product, along with the important functions and precautions. If used properly, electronic products can save energy and be safe to use.

This is a way to save electricity, choose the practice that works best for you.

If you have your own way of saving electricity that you think is good tell us!

Source: Korea Energy Corporation www.energy.or.kr

Can you order delivery food through the internet?

What type of delivery food do you order? Have you ever ordered for delivery somewhere other than your house?

In Korea, food delivery has become part of the nation's culture and daily lifestyle. Not only is food delivered but so is laundry, items bought in markets as well as delivery to public places such as parks. Many foreigners have viewed this and been shocked by Koreans and their delivery culture. There is an increasing variety of products and services delivered in Korea including Baby foods, snacks, breakfast items, and even physical trainers will deliver equipment and come to provide training.

- Food can be ordered and delivered on holidays, weekends and even in the middle of the night when people are too busy to prepare their own meals and are hungry. With a simple phone call, You can order and eat delicious food such as chicken, pizza, pork chops.

Many people use mobile phone applications to order food. Things can even be conveniently ordered by people can't speak or due to other difficulties.

In the early 1990's when there were no delivery services everyone sent packages through the Korean post office. As such things as home shopping started, courier service in Korea also began to develop, and it usually took about 2-3 days for packages to arrive. You could also send and receive packages at convenient stores. Progressively though, more and more people are using the internet for shopping, which has helped develop the delivery service more.

You can use motorcycle quick service if you need a package or document delivered quickly. When you use a motorcycle quick service, packages usually arrive within two or three hours if the destination is within the same city or region. This service is also more expensive than normal delivery, however it is very useful if you in a hurry.

Have you ever been shocked by the delivery culture here in Korea? What was it that shocked you?

Make sure to keep your quality guarantee forms

Are you holding on to the quality guarantee forms from electronics that were purchased?

The warranty period for such appliances as an air conditioners, fans, boilers, stoves, or other seasonal appliances is two years. However, the warranty period for TVs, refrigerators, water purifiers, humidifiers, washing machines and many other electronic products is only one year. Within this warranty period you can receive repairs free of charge. Make sure to remember the date of purchase, keep the receipt and don't lose the warranty information.

How can you calculate your warranty period?

The warranty starts as soon as you purchase the product. If you have exchanged the product, then your warranty begins the day of the product exchange.

What if I forgot the day I purchased the product?

The warranty period starts three months after the product was manufactured + the quality guarantee period.

In your country, how are products given a warranty?

Contents of damage: The refrigerator was purchased on the 10th of March and it has broken down five days after purchase / The television was purchased on February 1st and broke down on October 1st.

What is offered through warranty: Free product repair / Free product replacement / Purchase refund / Free product repair / Free product replacement / Purchase refund

Make sure you memorize the product warranties so that you may be able to use the in the following situations.

Where do you report on damage?

Have you ever had issues while using a product or service? Then what did you do?

[Case 1] I am using a mobile phone however due to screen and button defects the phone has been repaired about 4 times and now the warranty has expired. The phone still powers off sometimes so am I entitled to a refund?

[Case 2] I registered at a gym for three months, however I do not like the way the trainer teaches me. Can I ask for a refund?

I can speak in Korean: ☎ Telephone Consultation / Call 1372 without an area code

Services are available weekdays from 9am to 6pm.

Internet Consultation

Visit www.ccn.go.kr(1372 Consumer Counseling Center) → Click to apply for internet consultation → write the contents of what you need assistance with.

It is difficult to speak in Korean: Please call the Danuri help line (1577-1366). We can speak English, Chinese, Vietnamese, Japanese, Tagalog, Khmer, Uzbek, Lao, Russian, Thai, Mongolian and Nepalese. You can receive professional assistance from one of our counselors.

Do you have anything you would like to be consulted on, please write below.

Try and join a volunteer club

Have you ever participated in volunteer or community service?

Have you ever been involved in volunteer work? In 2007 due to one of the worst oil spills near the coast of Taean, South Korea nearby title flats could not sustain any form of life. Many coastal experts said that it would take about 10 years to recover from this oil spill. However, due to the sweat and tears of over 1.2 million volunteers from all over the country, it took only three years for the recovery.

Back then: In Korea the culture was always centered on farming and helping each other. People helped one another because they were neighbors and due to the culture. Not just for farming, but also this was the case for ceremonies. However, this tradition has disappeared as Korea has become an industrialized nation. Yet, these roots has led to what is now called volunteering and community service.

Nowadays: The 1988 Olympics in Korea helped raise awareness about volunteer activities. Volunteer activities are not only done individually but also through various through various organizations and corporations. Volunteer services such as free lunches, child protection agencies, welfare centers for the disabled/elderly, and services such as cleaning at nursing homes, helping elderly people, providing child mentoring (learning, emotional), cooking and feeding assistance, and medical care have all been created.
Green Mother and Migrant Women Corps:
Elementary School green mothers volunteer to work as traffic safety monitors for children in front of public schools. At the Multicultural Family Support Center, married couples have created volunteer services such as beauty services, conversation groups for elderly, traditional dance performances, and others.
In your country, what type of community services do people participate in?
What community services have you participated in? Do you have any community service activities you want to do in the future?

베트남어

Người Hàn Quốc thích tham gia hội nhóm

Banj đang tham gia hội nhóm nào?
Người Hàn Quốc thích kết nối những mối quan hệ với những người có cùng điểm chung với bản thân mình. Việc tham gia hội những người có cùng huyết thống thì gọi là 혈연, hội những người đồng hương gọi là 지연, hội những người đã từng học cùng trường gọi là 학연. Vì người Hàn Quốc rất xem trọng những mối quan hệ như thế nên họ thường tạo ra các các hội nhóm và cùng nhau xây dựng tình cảm.
hội gia đình, thân tộc: Là một tập thể của những người thân tộc có cùng huyết thống như anh em ruột hay anh em họ. Cùng nhau san sẻ buồn vui, đồng thời có thể giúp đở hay nhờ cậy lẫn nhau
hội đồng hương: Những người rời xa quê hương để tìm việc hoặc học tập gặp nhau và tạo thành hội 향우회
hội cùng trường: Nhóm người đã tốt nghiệp cùng trường thì tạo ra hội bạn học 동창회, hội đồng môn 동문회. và dù trong nơi làm việc cũng có khi có hội những người đã từng tốt nghiệp cùng trường.
Người Hàn Quốc không chỉ tham gia những câu lạc bộ có liên quan đến tình cảm như thế mà còn tham gia một cách đa dạng các câu lạc bộ như tôn giáo, câu lạc bộ hoạt động tình nguyện hay câu lạc bộ cùng sở thích. Với tư cách một thành viên của cộng đồng cũng như người dân Hàn Quốc, người nhập cư tham gia vào các cuộc họp phục vụ hàng xóm đang nhiều lên.
Mọi người ở đất nước banj có tham gia các hội nhóm không? Hãy thử nói lên những điểm khác và giống nhau với Hàn Quốc

Tôi đã vượt qua sự khó khăn như thế này

Điều khó khăn nhất đối với quý vị bây giờ là việc gì?
Bất kỳ ai trong cuộc sống cũng trải qua một vài điều khó khăn. Trong số đó, có những người đã phải trải những khó khăn rất lớn so với những người thông thường. Nếu xem báo hay đọc tin tức kể cả những người thành công cũng đều đã từng trải qua những khó khăn rất lớn. Thông qua những khó khăn mà tâm hồn và cơ thể chúng ta cũng trở nên mạnh mẽ hơn. Đối với những người đã vượt qua khó khăn thì một cuộc sống mới đang dần đến với họ. Chúng ta phải nhất định ghi nhớ sự thật này.
chơi piano bằng bốn ngón tay 이희아: Cả hai bàn tay cô bị dị tật bẩm sinh cấp độ 1 chỉ còn lại hai ngón tay trên mỗi bàn tay, phần dưới cơ thể thì không có chân. Từ lúc 7 tuổi cô đã bắt đầu học piano và luyện tập đều đặn mỗi ngày 13 tiếng, sau sự nỗ lực không ngừng nghỉ, cuối cùng cô đã trở thành nghệ sĩ piano chuyên nghiệp. Bằng tài năng biểu diễn piano điêu luyện, cô ấy đã mang hy vọng và hạnh phúc đến với rất nhiều người
bác sĩ siêu nhân 이승복: Từng là tuyển thủ thể thao, sau khi gặp tai nạn đã khiến từ phần cổ trở xuống không thể cử động được. Trong quá trình hồi phục anh ấy đã có suy nghĩ muốn trở thành một bác sĩ. Sau sự nổ lực không ngừng cuối cùng anh cũng trở thành bác sĩ. Hiện nay, anh ấy truyền hy vọng đến những bệnh nhân tại bệnh viện đại học Johns Hopkins của Mỹ
người chiến thắng nỗi đau sau cơn bỏng nặng và trở thành giáo sư 이지선: Khi là sinh viên năm thứ 4, vì tai nạn giao thông, 55% cơ thể cô đã bị bỏng ở cấp độ 3, đến cả bác sĩ cũng đã từ bỏ việc trị liệu. Tuy nhiên, sau 11 lần phẩu thuật và vượt lên trên nỗi đau đớn của việc trị liệu cô ấy đã nhận được học vị tiến sĩ. Cô ấy đã nói rằng tai nạn không phải là sự kết thúc cuộc đời của cô ấy mà trái lại nhờ điều đó mà một cuộc đời mới được bắt đầu.
Cuộc sống ở Hàn Quốc của bạn, điều gì là vất vả nhất? Hãy biểu thị ○ ở những điều đó.

 **Bạn đã từng làm thiệp mời?**

Bạn đã mời những ai tới đám cưới của mình?
Trước đây, người ta thường hay giúp đỡ lẫn nhau những việc như bê lễ hay phụ giúp tổ chức đám cưới nên giữa đôi bên không cảm thấy bị gánh nặng. Tuy nhiên, gần đây có những tình huống gửi thiệp mời cho những người chưa biết cho nên người nhân thiệp mời cảm thấy rất áp lực.
thiệp mời: Tấm thiệp mời cũng được viết gần giống với một bức thư. Nội dung mời đến lễ cưới sẽ được đưa vào kèm theo lời cảm tạ ở cuối. Trong thiệp mời sẽ ghi rõ ngày tháng tổ chức lễ cưới, thời gian, địa điểm, và cả lược đồ hướng dẫn đến nơi tổ chức. Gần đây, cũng có trường hợp ghi số tài khoản ngân hàng trên thiệp mời. Hơn nữa, có trường hợp gửi cả thiệp mời giấy và thiệp mời điện tử.
lời chúc: Ở Hàn Quốc, khi tổ chức đám cưới thông thường sẽ mời họ hàng thân tộc hai bên và những người quen biết với cô dâu, chú rể. Những vị khách được mời thường bỏ sẵn tiền mừng vào phong bì màu trắng. Và trên phong bì có ghi dòng chữ chúc mừng kết hôn '축결혼'. Tuy nhiên, nếu muốn tăng thêm phép lịch sự thì người ta thường ghi kèm theo lời chúc, tiền mặt, ngày tháng, tên người mừng vào bên trong phong bì.
Ở đất nước bạn khi tổ chức lễ cưới thì mời những ai?
Ở đất nước bạn khi nhận được lời mời lễ cưới sẽ cần phải chuẩn bị những gì?

4 Bạn sẽ tổ chức lễ cưới như thế nào?

Bạn đã kết hôn chưa? Nếu chưa thì khi kết hôn bạn muốn tổ chức lễ cưới như thế nào?
Người Hàn Quốc thường mời rất nhiều người đến nhà hàng tiệc cưới để tham dự lễ cưới. Tuy nhiên, những người có điều kiện thì tổ chức tại khách sạn, những người có tôn giáo thì tổ chức tại giáo hội, nhà thờ, đạo viện. Gần đây, người ta thường chỉ mời bạn bè, người thân cận nên thường có khuynh hướng tổ chức lễ cưới nhỏ hoặc đôi khi người phụ nữ sẽ làm chủ hôn.
lễ cưới truyền thống: Lễ cưới truyền thống thì không có chủ hôn. Cô dâu và chú rể nhìn đối diện nhau qua bàn hôn lễ và lạy sau đó sẽ chia nhau bát rượu để uống và cùng hứa sẽ bên nhau trọn đời. Trên bàn hôn lễ sẽ có táo tàu, cơm, hạt đậu, hạt ngũ cốc, cây tùng, cây tre, một đôi gà mái và gà trống. Những vật này mang ý nghĩa khỏe mạnh, sống lâu và con đàn cháu đống.
lễ cưới hiện đại: Lễ cưới hiện tại thì có chủ hôn, thông thường thì chủ hôn thường là ân sư thuở cắp sách đến trường hoặc là cấp trên tại nơi làm việc. Tuy nhiên, đối với những người có tôn giáo thì chủ hôn sẽ là những vị thánh chức như linh mục, cha nhà thờ hoặc nhà sư.
Chủ hôn thường gửi lời chúc mừng đến cô dâu chú rể đồng thời cũng gửi lời hy vọng đôi bạn sẽ có một cuộc sống hôn nhân hạnh phúc. Dạo gần đây lễ cưới không có chủ hôn cũng đang ngày càng nhiều.
Tuần tự làm lễ cưới ở đất nước bạn như thế nào?

 **Gia đình chúng tôi đang chờ đợi ngày 'hạnh phúc'**

Tôi đã mang thai rồi! Điều gì sẽ xảy ra? Tôi có thể làm những gì khi mang thai?
Điềm báo mộng thai: Một giấc mơ báo trước về việc mang thai được gọi là mộng thai. Có thể là người mẹ sẽ mộng thai, tuy nhiên có nhiều trường hợp cha, bà, dì, cô… những người thân trong gia đình sẽ mộng thai. Trong giấc mơ thông thường mơ thấy động vật, trái cây, rau quả.
Đặt tên thai nhi: Em bé trong suốt thời gian còn nằm trong bụng mẹ thường được đặt tên. Tên thai nhi thì cha mẹ có thể tự do đặt cho con. Tên được đặt thường trên cơ sở mang ý nghĩa tốt đẹp, dễ gọi như '행복이, 튼튼이, 사랑이' (hạnh phúc, khỏe mạnh, tình yêu)
Dưỡng thai: Người mẹ luôn nỗ lực dưỡng thai để mang tới những ảnh hưởng tích cực đến thai nhi trong bụng. Luôn nói những lời lẽ tốt đẹp, những hành động đúng đắn, luôn luôn giữ tinh thần thoải mái là những việc vô cùng quan trọng. Nếu như nghe những bản nhạc hay, xem thật nhiều cái đẹp thì rất tốt cho thai nhi.
Ở đất nước bạn nếu có em bé sẽ làm những gì? Hãy thử nói chuyện với bạn cùng lớp
Hãy viết vào ô bên dưới những việc bạn muốn làm khi mang thai

 **Tôi muốn sống như thế này ở Hàn Quốc**

Bạn có ước mơ gì?
Bạn có ước mơ muốn thực hiện? Giấc mơ đó là gì? Du lịch thế giới? Trở thành thông dịch viên? Hay là muốn mời những người thân đang ở quê nhà sang đây? Bạn đã bao giờ viết ước mơ đó ra chưa? Giả sử nếu bạn có một ước mơ muốn đạt được thì xin đừng giữ trong lòng mà hãy một lần viết rõ ra. Việc viết ra như là một lời hứa đối với chính bản thân mình vậy.
Cái muốn có: Có cửa hàng cà phê / Mua một chiếc xe đẹp / Mua nhà đẹp Có quốc tịch / Hàn Quốc

Nơi muốn đi: Du lịch hải ngoại / Thường xuyên về quê / Du lịch 제주도
Điều muốn học: Học tiếng hàn / Học ghi ta, piano / Học nấu ăn / Học thông dịch
Cái muốn đạt được: Gặp được nghệ sĩ yêu thích / Trở thành người mẹ tốt
/ Đi du lịch cùng với bố mẹ / Nói tiếng hàn như người hàn quốc
Hãy viết ra ước mơ mà mình muốn đạt được

 **Bạn sống cùng với bố mẹ?**

Hiện nay bạn đang sống cùng ai?
Ở Hàn Quốc, hình thái gia đình đang biến đổi với tốc độ rất nhanh do bởi các lý do như tỷ lệ sinh thấp, già hóa dân số, kết hôn trễ, hoặc ly hôn. Hơn nữa, hình thái gia đình nhiều thế hệ truyền thống đang biến hóa thành gia đình hai thế hệ và gia đình một thành viên cũng làm cho số lượng gia đình ngày càng đang giảm.
Trước kia: Trước đây gia đình nhiều nhiều thế hệ đã có rất nhiều. Đại gia đình gồm có 3 thế hệ. Những cặp vợ chồng sau khi kết hôn có con cái nhưng vẫn đã cùng sống cùng với bố mẹ. Đàn ông thì làm việc ngoài xã hội và phụ nữ thì đảm đang việc nhà. Ông bà thì là trụ cột trong gia đình và quyết định một vài việc. Những đứa trẻ từ nhỏ đã sống cùng với ông bà nên có thể cảm nhận được tình cảm gia đình rất đỗi ấm áp.
Hiện nay: Gần đây thì gia đình hai thế hệ và người sống một mình rất nhiều. Gia đình hai thế hệ chỉ bao gồm vợ chồng và con cái hoặc mẹ (ba) và con cái. Ảnh hưởng của công nghiệp hóa, đô thị hóa nên nhằm mục đích giáo dục và tìm kiếm việc làm nên việc chuyển nhà lên đô thị hay gia đình hai thế hệ ngày càng nhiều hơn. Hình thái gia đình ngày càng đa dạng như mẹ đơn thân, cha đơn thân, ông bà và cháu, không kết hôn và sống một mình
Gia đình của bạn ở quê có những ai đang sinh sống?

 **Bạn có dự định thuê dịch vụ gói hàng chuyển nhà**

Bạn đã từng chuyển nhà ở Hàn Quốc chưa? Bạn đã chuyển như thế nào?
Người Hàn Quốc thường chuyển nhà vào dịp mùa xuân tầm tháng 3 đến tháng 5, và mùa thu tầm tháng 9 tến tháng 10. Vì vậy, mùa này còn được gọi là mùa chuyển nhà. Khi chuyển nhà thì có thể chọn dịch vụ chỉ chuyển đồ đạc thông thường hoặc dịch đóng gói hàng và chuyển nhà trọn gói. Chuyển nhà thông thường thì các công ty chỉ thực hiện việc vận chuyển đồ đạc. Nhưng dịch vụ trọn gói thì công ty thực hiện dịch vụ sẽ đóng gói đồ đạc sau đó sẽ vận chuyển và sắp xếp tất cả đồ đạc cho người thuê dịch vu.
Vì vậy dù làm việc gì thì người ta cũng lựa chọn ngày đẹp ngày (손 없는 날) để chuyển nhà. Và sau khi chuyển nhà thì biếu 시루떡 cho người hàng xóm để cho biết việc chuyển nhà đến.
Trước đây: Gia đình, bạn bè và người thân cũng giúp đỡ việc chuyển nhà. Hơn nữa chuyển nhà là ngày chuyển dời nơi sinh sống. Vì vậy, người ta rất coi trọng ngày này.
Hiện nay: Cuộc sống bận rộn, công việc, nhà ít người và những chung cư cao tầng mọc lên ngày càng nhiều nên người ta thường chọn dịch vụ đóng gói và vận chuyển. Đặc biệt, trên 70% người đang sống tại chung cư lựa chọn dịch vụ này. Tuy chi phí cũng khá cao nhưng vì thuận tiện nên người sử dụng ngày càng nhiều. Khi lựa chọn công ty vận chuyển thì phải kiểm tra công ty đó có đóng bảo hiểm kinh doanh hay không, sau khi chuyển nhà cũng phải kiểm tra có hư hỏng hay vết sẹo gì trên đồ đạc hay không.

 **Tôi xin lỗi vì đám trẻ hay chạy nhảy**

Bạn sống ở đâu? Bạn đã từng mệt mỏi vì tiếng ồn từ nhà hàng xóm bao giờ chưa?
75% người Hàn Quốc lựa chọn sống ở chung cư. Vì vậy khả năng gây ra tiếng ồn giữa các tầng là rất lớn. Dạo gần đây vì những tiếng ồn của các đồ gia dụng như TV, máy hút bụi, máy giặt hay tiếng trẻ con chạy nhảy nên rất nhiều người bị ảnh hưởng gây stress và phát sinh mâu thuẫn cãi cọ giữa những người hàng xóm.
- Xin hãy giáo dục trẻ con cách lễ phép / Sau 10 giờ hãy cho trẻ em đi ngủ / Xin hãy trải niệm trên sàn nhà
- Xin hãy sử dụng dép đi trong nhà
- Xin hãy dán thêm miếng đệm để chống tiếng ồn
- Xin hãy dán thêm miếng đệm để chống tiếng ồn
- Xin hãy lưu ý vào buổi tối quá trễ hoặc vào sáng sớm. (máy giặt, máy hút bụi, hay các đồ điện gia dụng từ giữa 9- 20 giờ)

Chung cư là không gian chung sống của rất nhiều người. Những hành động vô ý thức trở thành tiếng ồn sẽ gây ra khó chịu cho người khác. Tuy nhiên, nếu biết quan tâm và thông cảm lẫn nhau chút ít thì có thể giảm được tiếng ồn
※ trung tâm 층간소음 이웃사이(☎1661-2642).
Bạn đã phản ánh đến hàng xóm hay bị hàng xóm phản

ánh điều gì khi ở Hàn Quốc bao giờ chưa?

 Tuyệt đối không được cho mượn sổ ngân hàng

Đã từng có người hỏi mượn sổ ngân hàng của bạn chưa? Tuyệt đối không được cho mượn sổ ngân hàng cá nhân. dụng 대포 통장 là sổ ngân hàng giả mà tên người mở sổ không phải tên của người sử dụng sổ. Có nhiều trường hợp những kẻ tội phạm lợi dụng 대포 통장 để tiến hành lừa gạt trên internet, hoặc lấy cắp thông tin của người dùng để tiến hành hành vi phạm tội. Và tất cả những hành vi chuyển nhượng, cho mượn hay mua bán thẻ ngân hàng, tiền mặt, sổ ngân hàng đều là các hành vi vi phạm pháp luật về mua bán tiền tệ.

Khai báo khi thấy quảng cáo mua bán tài khoản ngân hàng:

- Trang chủ cục quản lý tiền tệ (http://www.fss.or.kr) → 민원 · 신고 (người dân khai báo) → 불법금융신고센터 (trung tâm khai báo hành vi bất hợp pháp) → 대포 통장 신고 (khai báo tài khoản ngân hàng giả)
- Điện thoại: 국번 없이 1332(내선 번호 3)

 Bạn sẽ nộp phí tiện ích ở đâu?

Bạn đang nộp những phí tiện ích nào?

Phí tiện ích ở đây bao gồm thuế tài sản, thuế xe hơi, chi phí điện, phí điện thoại, hay phí cho hệ thống đường ống... Nếu nộp trễ sẽ phải nộp thêm phí trễ hạn nên nhất định phải nộp trong kỳ hạn. Việc nộp phí dù không trực tiếp đến ngân hàng cũng có thể nộp được bằng nhiều phương pháp

- Có thể cầm phiếu nộp đến ngân hàng và nộp thông qua dịch vụ nộp phí tự động. Trường hợp này nhất định phải có tài khoản ngân hàng của chính người nộp phí. Nếu sử dụng thẻ thì sẽ được tính cùng với chi phí thẻ.
- Có thể cầm phiếu nộp phí đến các cửa hàng tiện lợi để nộp.
- Có thể nộp bằng internet thông qua trang web (www.giro.or.kr) không cần phải đi đến ngân hàng vẫn có thể nộp phí một cách thuận lợi nhưng cần thiết phải có chứng từ chứng nhận.
- Mỗi tháng tiền từ sổ ngân hàng sẽ tự động bị trừ cũng là một phương pháp nộp phí. Tuy nhiên ngày mà tiền được trừ thì trong sổ nhất định phải có tiền. Nếu không phải nộp thêm phí trả chậm.
- Có thể đăng ký nộp tự động tại các công ty thẻ tín dụng. Nhưng phải trả cùng với chi phí của thẻ. Nếu trả bằng thẻ thì đôi khi có thể được giảm giá. Hơn nữa tiền tích lũy có thể tăng lên.

Bạn đang nộp phí tiện ích bằng phương pháp nào?

Bạn đang có nỗ lực gì để giảm phí tiện ích?

 Nhất định phải đọc giấy hướng dẫn sử dụng

Bạn có đọc giấy hướng dẫn sử dụng trước khi sử dụng sản phẩm điện tử?

Bạn đã từng nghe chuyện tủ lạnh kimchi phát sinh ra cháy lớn? Tại sao lại phát cháy? Giấy hướng dẫn sử dụng có hướng dẫn rất cụ thể về phương pháp sử dụng, kỹ năng quan trọng, và điểm chú ý khi sử dụng. Đặc biệt, nếu sử dụng theo giấy hướng dẫn không chỉ có thể tiết kiệm năng lượng mà cũng rất an toàn.

trường hợp chú ý.

trường hợp cảnh cáo / cách ứng phó

Đây là phương pháp sử dụng tiết kiệm điện. Quý vị hãy thử chọn và thực hành thử xem.

Rút hết tất cả phích cắm khi không sử dụng

Gom tất cả những vật dụng cần giặt và giặt một lần

Chỉ đựng đồ lấp đầy 60% tủ đông

Lau chùi màng lọc của máy hút bụi, máy lạnh

Hãy trao đổi những phương pháp tiết kiệm điện tốt

 Bạn cũng đã kêu giao thức ăn qua internet?

Bạn thường kêu giao thức ăn gì? Bạn đã từng gọi thức ăn tại nơi nào đó không phải nhà mình?

Đối với người Hàn Quốc thì văn hóa giao thức ăn rất đỗi bình thường. Ở các siêu thi, tiệm giặt ủi thì việc giao hàng thì là lẽ rất đương nhiên, nhưng ở những vùng ven sông hàn hay công viên việc giao thức ăn đến đôi khi cũng gây ra rất nhiều ngạc nhiên cho những người nước ngoài. Dạo gần đây, các sản phẩm được giao tận nơi không chỉ là sữa của trẻ em, thức ăn sáng, trái cây mà ngày càng trở nên phong phú hơn như những ngôi nhà đồ chơi, dụng cụ tập thể dục…

Thông thường vào những ngày nghỉ lễ hay cuối tuần, khi việc chuẩn bị thức ăn xem như là phiền phức, thì có thể đặt giao thức ăn đến nhà. Bạn có thể ăn bất cứ lúc nào những món ngon như gà rán, pizza, chân giò chỉ thông qua một cú điện thoại. Người giao hàng không nhận riêng chi phí. Đặc biệt gần đây người ta thường sử dụng các app giao hàng trên điện thoại di động. Những người bị tàn tật gặp khó khan khi gọi điện cũng có thể thuận lợi đặt hàng cho những app này.

Vào đầu thập niên 90 trước khi công ty giao hàng xuất

hiện thì người Hàn Quốc thường đến bưu điện để gửi hàng hóa bằng bưu phẩm. Khi home shopping xuất hiện thì công ty giao hàng cũng bắt đầu phát triển. Việc giao hàng thường mất từ 2-3 ngày. Ở các cửa hàng tiện lợi cũng có thể gửi và nhận hàng. Càng ngày người Hàn càng mua hàng tại nhà nhiều hơn nên các công ty giao hàng cũng ngày càng phát triển.
Những hàng hóa gấp hay tài liệu cần gấp nếu phải chuyển ngay thi có thể sử dụng dịch vụ xe máy. Hàng sẽ được giao đến tận nơi trong vòng 2~3 giờ đồng hồ khi gửi trong cùng thành phố, khu vực. So với dịch giao hàng thông thường thì hơi đắt. Ngoài ra, những người có việc gấp cũng có thể gọi dịch vụ này để đi (xe ôm).
Các bạn có bị sốc bởi văn hóa giao tận nhà chưa? Cái gì?

14 Nhất định phải giữ kỹ giấy hành của sản phẩm

Bạn có đang bảo quản giấy bảo hành sản phẩm?
Thời hạn bảo hành sản phẩm của các thiết bị theo mùa như máy điều hòa, quạt, máy lạnh, hệ thống sưởi nền, lò sưởi đều là 2 năm. Thời hạn bảo hành của các sản phẩm điện tử khác như TV, tủ lạnh, máy lọc nước, máy giữ ẩm, máy giặt là 1 năm. Trong thời hạn bảo hành có thể được sửa chữa miễn phí. Phải ghi rõ ngày mua vào giấy bảo hành và phải giữ thật kỹ hóa đơn mua bán.
Thời hạn bảo hành được tính như thế nào? / Tính từ ngày mua hàng
những sản phẩm bị đổi thì được tính từ ngày đổi hàng.
Nếu quên ngày mua hàng thì sao? / Thời gian bảo hành được tính từ ngày sản xuất sản phẩm cộng thêm 3 tháng thời gian.
Ở đất nước bạn chế độ bảo hành sản phẩm như thế nào?
Bạn có thể nhận được sự bồi thường nào trong các trường hợp sau?

15 Trình báo ở đâu?

Đã bao giờ bạn bị thiệt hại trong quá trình sử dụng sản phẩm hay dịch vụ chưa? Khi đó bạn đã xử lý thế nào?
[[VD1] Bạn đang sử dụng điện thoại, vì màn hình, nút bấm kém chất lượng, bạn đã đi bảo hành 4 lần và thời hạn bảo hành đã qua. Bây giờ nguồn điện thoại cứ thỉnh thoảng tắt thì có thể trả hàng không?
[VD2] Đăng ký 3 tháng ở câu lạc bộ thể dục. Nhưng không hài lòng với cách dạy của huấn luyện viên. Vậy có thể đòi lại phí đã dùng không?
Có khả năng trao đổi bằng tiếng hàn: ☎ điện thoại trao đổi
gọi đến số 1372 không cần mã quốc gia
thời gian trao đổi vào ngày thường 09:00~18:00h.
Trao đổi qua internet
kết nối với www.ccn.go.kr(1372소비자상담센터) → nhấp vào 인터넷 상담신청 → nhấp vào 인터넷 상담신청 → Viết nội dung là được.
Việc trao đổi bàng tiếng hàn quá khó: Hãy gọi điệnt thoại đến trung tâm 다누리 콜센터(1577-1366). Có thể trao đổi bằng tiếng hàn, tiếng anh, tiếng trung quốc, tiếng việt nam, tiếng Tagalog, tiếng Khmer, tiếng Uzbekistan, tiếng lào, tiếng nga, tiếng thái, tiếng mông cổ, tiếng nepal. Có thể nhận được sự giúp đỡ từ các tổng đài viên.
Hiện tại bạn có điều gì cần tư vấn không? Hãy thử nói về cái đó.

16 Hãy tham gia hội hoạt động tình nguyện

Bạn đã từng tham gia hoạt động tình nguyện chưa?
Bạn đã từng thử tham gia hoạt động tình nguyện chưa?
Từ sự cố tràn dầu tồi tệ nhất vào năm 2007 thì không bất cứ sinh vật nào có thể tồn tại được tại bãi bùn của bán đảo 태안반도 khiến nơi đó trở thành vùng đất chết. Các nhà chuyên gia nói nếu muốn khôi phục thì cần ít nhất 10 năm. Tuy nhiên trong vòng chưa được 3 năm bãi bùn ấy đã có nguồn sống trở lại. Tất cả đều nhờ những hoạt động tình nguyện của hơn 1 triệu 200 người đến tư khắp các nơi trên toàn quốc.
Ngày xưa: Từ ngày xưa, người nông dân Hàn Quốc đã có văn hóa giúp đỡ lẫn nhau lúc khó khăn thông qua hình thức hợp tác xã, làm đổi công, vân vân. Không chỉ trong việc làm nông, người ta còn giúp đỡ lẫn nhau trong tổ chức lễ hôn hay lễ tang. Xã hội công nghiệp hóa đã làm mất dần đi những nét văn hóa như trên; tuy nhiên cũng có thể nói là nét văn hóa đó đã chuyển thành những hội tình nguyện hiện nay.
Gần đây: Ở Hàn Quốc, thông qua Olympic năm 1988, nhận thức về hoạt động tình nguyện đã được hình thành. Không chỉ là cá nhân mà cả tập thể cũng tham gia hoạt động tình nguyện. Người ta thường tham gia công việc tình nguyện như: chăm sóc người già, trẻ em, người tàn tật, dạy học cho trẻ em, nấu ăn và phân phát thức ăn miễn phí cho người nghèo.
녹색어머니회 và 이주여성 봉사단 : Hội 녹색어머니 của trường học cấp 1 là tổ chức tình nguyện hướng dẫn giao thông nhằm đảm bảo an toàn cho trẻ em tại những con đường trước cổng trường. Trung tâm chi viện gia đình đa văn hóa tổ chức định kì những buổi cắt tóc miễn phí, tâm sự với người cao tuổi, công diễn các điệu múa truyền thống

của dân tộc cho những người nước ngoài kết hôn với người Hàn và đang sinh sống tại Hàn Quốc.
Bạn đã tham gia hoạt động tình nguyện nào? Sau này bạn muốn tham gia những hoạt động tình nguyện nào?

중국어

韩国人喜欢聚会

大家加入了什么聚会?
韩国人喜欢与和自己有共同点的人建立关系。与和自己有着同一血脉的人结成的关系称为“血缘”，同一故乡的人结成的关系称为“地缘”，而出身于同一学校的人结成的关系则称为“学缘”。韩国人非常重视这些姻缘，并且会组织聚会以增进感情。
血缘(家族, 亲族聚会)
像兄弟、亲戚一样,拥有共同血脉的人会组成亲族共同体。遇上喜庆的事或者悲伤的事时，亲戚间便会彼此祝福或安慰、彼此依靠。
地缘(同乡聚会)
由于就业、学业等原因远离故乡的人们会组织同乡举行名为“乡友会”的聚会。
学缘(学校聚会)
同校的毕业生之间会组织名为“同窗会”或“同门会”的聚会。公司内部同事之间也会组织同校毕业生的聚会。
除了这些聚会外，韩国人还会参加有关就业、社会奉献、宗教等各种聚会。不仅韩国人如此作为各地区社会的一员，加入到扶助邻里的社会奉献聚会的移民者人数也在日渐增多。
你们国家的人们也聚会吗？请说一下与韩国的相同点和不同点。

像这样克服了困难

对你们来说, 现在最大的困难是什么呢?
每个人在生活中都会遇到各种各样的困难，其中有些人所经历的苦痛是非同常人的。我们在报纸和新闻上常常会看到成功人士们无一例外地都经历过各种困难。困难能磨练我们的身心，克服了困难的人们会迎来新生，我们一定要铭记这一点。
四指钢琴家 李喜芽
由于1级先天性残疾，双手各只有两根手指，没有大腿以下的腿部。她从七岁起第一次学习钢琴，每天坚持练习13个小时从无间断。最终她成为了一名钢琴家，用自己演奏的琴声给予人们希望和幸福。
超人李医生 李承福
曾经是名体操运动员的他，在18岁那年的训练中发生意外并导致颈部以下瘫痪。在复健过程中，他决心成为一名医生。最终，在自己不断地努力下，它实现愿望。如今，他就职于美国约翰・霍普金斯大学附属医院，每天为患者带去希望。
克服烧伤苦痛成为教授 李智善（音）
大学四年级时的一场交通事故导致她全身55%三度烧伤，甚至连医生都放弃治疗了。但是历经11次手术，战胜了巨大的苦痛的她最后成功获得了博士学位。她曾说，那次事故没有使自己的人生结束，而让他从那时起展开了新的人生。
大家在韩国的生活中感觉最困难的是什么？请在下面的选项中表示○。

你制作过请柬吗?

你们结婚的时候邀请了谁?
在以前，韩国人会给办婚事的人家送去需要的东西或者去那儿帮忙干活儿，互相没有负担。然而随着如今发给不太认识的人请柬的情况越来越多，收到请请柬的人也表示倍感压力。
请柬
请柬的格式和书信差不多。写上婚礼邀请的内容，结尾处落款问候。在请柬上写明婚礼的日期、时间、场所、简图或去婚礼的方法。近来，也有人在请柬上写上汇款账号。另外，也会纸质请柬和电子请柬一起寄。
祝福
在韩国人婚礼上邀请的不仅包括新郎和新娘的好友，还包括双方的亲戚。受邀参加婚礼的客人们会将礼金装进白色信封里给新人。一般会在信封上写上“祝结婚”三个字并放上礼金。如果再讲究些的话，最好在信封里面写上祝福的话和礼金金额、日期、送礼人姓名。
在你们国家，结婚的时候会邀请谁呢?
在你们国家，受邀参加婚礼时都要准备些什么呢?

你会选择什么样的婚礼呢?

你们结婚了吗? 如果没有的话，你会选择什么样的婚礼呢?
韩国人一般会邀请很多的亲朋好友在专门的婚礼仪式场举行婚礼。当然，比较富裕的新人也会选择在星级酒店办喜事。而信仰宗教的人则会将婚礼放在教会、教堂或寺庙里举行。近来，只邀请家人和朋友的“小型婚礼”和女性做主婚人等这样的变化正悄然兴起。
传统婚礼
传统婚礼是没有主婚人的。新郎和新娘相对而坐，行跪拜礼，同饮喜酒，最后约定终身。
人们会在婚礼桌上摆上枣、栗子、大豆等谷物，以及松树枝、竹子、一对公母鸡等物品。这些东西有着多产、长寿、健康等美好的寓意。
现代婚礼
现代婚礼需要有主婚人，一般会邀请学生时代的恩师或者职场上司来担任。如果婚礼是在宗教场所举办的话，一般由神父、牧师或是高僧等来担任。
主婚人要致问候辞并为新人幸福婚姻生活送上祝福良言。最近，没有主婚人的婚礼也日渐增多。
在你们国家，婚礼顺序是怎么样的呢?

5 全家都在等“福宝”的到来

我怀孕了！会发生什么事？我能够做些什么呢？
做胎梦
预示着自己怀孕的梦被称为“胎梦”。一般母亲会做胎梦，有时也爸爸、奶奶、姨母等近亲也会做胎梦。胎梦一般会梦见动物、水果、蔬菜等。
起胎名
孩子在妈妈肚子里时叫的名字就是“胎名”。胎名一般由孩子的父母一起自由取。胎名一般不分性别，取一些顺口且寓意美好的名字，如：행복이、튼튼이、사랑이。
行胎教
妈妈努力让肚子里的孩子受到好的影响叫做“胎教”。准妈妈们多说吉言，端正举止，常常保持稳定的心态非常重要。此外，多听一些优美的音乐，多看一些美好的事物，也是好方法。
在你们国家，怀孕的时候会做什么呢？与同学们分享一下吧。
要是你怀孕的话，会做些什么呢？想好后请写在下面。

6 想在韩国这样生活

大家有什么样的梦想呢?
各位有想要实现的梦想吗？是什么梦想呢? 世界旅行? 翻译家? 咖啡店老板? 邀请故乡的亲人? 你有把这些梦想写下来过吗？要是有想要实现的梦想的话，不要只放在心里，试着写下来吧！因为写下来就是与自己做约定。
想拥有的东西: 买一辆好车 / 买漂亮的房子 / 拥有韩国国籍 / 拥有一家咖啡店
想去的地方: 海外旅行 / 经常回故乡 / 去济州岛旅行
想学的东西: 学韩语 / 学吉他・钢琴 / 学做饭 / 读大学 / 学习翻译
想实现的目标: 塑造苗条的身材 / 见喜欢的艺人 / 成为好妈妈 / 和父母旅行 / 韩语说得像韩国人一样 / 请大家写下自己的梦想。

7 和父母一起生活吗?

现在你们和谁一起生活呢?
韩国由于低生育率，老龄化现象以及晚婚和离婚率增加等原因，家庭形态正在发生着快速的变化。韩国以前的大家庭正在逐渐变为核心家庭和1人家庭，家庭数量也在慢慢减少。
以前: 以前，韩国有很多的大家庭。大家庭指的是三代人一起生活的家庭，结婚以后的夫妻与子女和父母一起生活。男人主要负责工作养家，女人则主要操持家务。爷爷和奶奶作为整个家庭的中心决定家里的大小事务。由于从孩子到爷爷奶奶都在一起生活，能感受到亲情的温暖。
现在: 近来，有很多核心家庭和1个人生活的1人家庭。核心家庭是夫妻组成，夫妻和子女组成或父（母）和子女构成的家庭。随着工业化和城市化的发展，人们为了就业和教育选择迁至大城市生活，这使得核心家族增多。家庭的形态也出现了未婚母亲家庭、单亲家庭、祖孙家庭和不结婚而独自生活的1人家庭等多种形态。
在你们的家乡，有哪些亲人呢?

8 打算打包搬家

大家在韩国有过搬家的经历吗? 是怎么搬家的呢?
韩国人一般在春季的3~5月，和秋季的9~10月份搬家，这一时期又被称为“搬家季”。如果要搬家的话，需要考虑选择普通搬家还是选择打包搬家。普通搬家就是搬家公司只负责搬运行李。而打包搬家则正如其名，打包公司负责从打包和搬运行李，到之后的整理行李等全套服务。
以前: 搬家时，家人、亲戚、好友都会前来帮忙。而且搬家是意味着人们转移生活场所的重要日子，因此人们也特别重视搬家的日子。所以，会选在诸事皆顺的黄道吉日里进行。特别是在济州岛，人们会在“新旧间”搬家。搬家后会向周围的新邻居们送蒸糕以示问候。
现在: 由于繁忙的生活和工作，家里人手不足，还有高层公寓越来越多，人们更多选择打包搬家，特别是在公寓居住的人中有70%以上选择打包搬家。虽然打包搬家的费用较高，但是因为方便，越来越多的人选择使用打包搬家。在选择搬家公司时，一定要确认搬家公司是否加入相关的保险，注意检查家具是否存在破损或刮擦。
近来，人们搬家后向周围邻居问候或者分发蒸糕的文化正逐渐消失。分蒸糕不仅饱含着人情味，也是与周围邻里沟通的开始。如此美好的传统文化，如果能一直传承下去，岂不是韩国特有的优良文化吗?
在你们国家，搬家的时候有哪些风俗呢？最近的风俗又是怎样呢？

9 我对孩子的跑跳声感到非常抱歉

大家住在什么地方呢? 有过因周围邻居发出的噪音而苦恼

的经历吗?

韩国有75%的人口选择居住在公寓楼里，接触楼层间噪音的可能性很大。有很多人因孩子跑跳声、电子产品(电视、吸尘器、洗衣机等)噪音、搬动家具的噪音等原因而倍感压力，甚至引发邻里间冲突。

- 请对孩子进行礼仪教育。
  请在22点以后哄孩子入睡。
  请在地板上铺上垫子。
- 请穿拖鞋。
- 请粘贴防止噪音的专用贴。
- 请不要在深夜和清晨使用。(洗衣机・吸尘器等家用电器请在9点~20点间)

公共住宅是邻里间共享的生活空间。我们无意间发出的噪声有可能会给邻居带来不快。但是，只要能够彼此相互关照的话，楼层噪音问题也会减少。

※ 楼层噪音邻里中心热线(☎1661-2642)

在韩国，大家有过抗议邻居或是被邻居投诉的经历吗?

⑩ 绝对不能把存折借给别人。

有人向你借过存折吗? 个人存折绝对不能借给别人。

在韩国，存折的开户人与实际使用者不是同一个人的非正常冒名存折被称为“大炮存折”。大炮存折经常被用在电话诈骗以及网络诈骗等犯罪行为中。因此，将储蓄存折或现金卡（储蓄卡・信用卡）等随意转让、租借、贩卖给他人的行为是违反电子金融交易法的。

假如，你这样了...... →

[案例1] 熟人因为税金的问题急需他人的存折，要求你卖给他。如果你卖给他的话……

[案例2] 有人以就业为诱饵向你索要存折及密码。如果你已经告诉了他的话……

那么，后果将是...... →

[1] 把存折借给别人，或者哪怕只是口头约定收取报酬的会受到(有期徒刑3年以下，罚金2千万韩币以下)的处罚。

[2] 如果受害人要求赔偿的话，你将有责任赔偿相关款项。

所以，应该这样做

[1] 存折、现金卡、借记卡等绝对不要借予他人。

[2] 身份证、存折复印件、印章证明书、存折密码等绝对不要给别人。

[3] 不使用的存折应该申请解除・注销。正在使用的存折应当妥善保管。

大炮存折广告举报电话:

- 金融监督院主页(http://www.fss.or.kr)→民愿・举报→不法金融举报中心→大炮存折举报
- 电 话:不加区号1332 (内线3)

出处: 金融监督院(http://www.fss.or.kr)

⑪ 去哪儿交公课金呢?

在韩国大家都在交着哪些公课金呢?

公课金（公共事业费用）指的是财产税、车辆购置税、电费、电话费、上下水道费等费用。因为超过了缴纳期需要交滞纳金，所以一定要遵守缴纳期限。现在除了亲自去银行缴费之外，也有很多种其他缴纳方法。现在除了亲自去银行缴费之外，也有很多种其他缴纳方法。

是一种凭缴费单在各银行的公课金自动缴费机上进行缴纳的方式。需要有本人名义的存折或者银行卡。如果使用银行卡的话，可以与银行卡消费一起结算。

是一种带着缴费单去便利店进行缴费的方式。

是一种通过网页(www.giro.or.kr)缴费的方式。省去了去银行办理的麻烦，非常便利。需要公认认证书。

是一种每月自动从存折里扣费用的方式。需要保证在结算日那天账户里有钱，不然将产生滞纳金。

是一种向卡片公司申请自动缴费的方法。可以与银行卡消费一起结算。用银行卡缴费不仅会享受折扣优惠，还可以积分。

大家都是用什么方式缴纳公课金的呢?

为了节省公课金，你们正做着哪些努力呢?

⑫ 请务必阅读使用说明书

在使用电子产品前，大家会仔细阅读说明书吗?

听说过泡菜冰箱起火的事吗? 为什么会发生火灾呢? 产品使用说明书详细地介绍产品的使用方法、主要功能、注意事项等。特别是电子产品，如果我们按说明书来使用的话，不仅能够省电节能，而且还能保证使用安全。

使用电器的节能小窍门。 请大家选择一下自己正在进行实践的吧。

请大家分享一下属于自己的节能小窍门吧.

⑬ 网上也可以点外卖吗?

大家点过什么外卖送餐呢? 有在自己家以外的地方点过吗?

对韩国人而言，配送文化已经是日常生活的一部分了。不仅超市、干洗店的物品全都提供配送，甚至在公园以及汉江边上也能外卖送餐，这让一些外国人感到非常惊讶。近来配送服务日趋多样，不仅连婴儿辅食、早餐、水果零食等都可以配送，甚至可以请人来把家里装饰得像游乐场一样，也可以请教练携带训练器具来家里指导。

节假日或周末，当你厌烦了准备食物的时候，或者深夜里饿的时候都可以订外卖。只要一通电话，就能随时享用炸鸡、披萨、猪蹄等美食了。也不需要额外支付外卖费。

最近人们广泛使用手机应用进行订餐服务。这样一来，那些听觉障碍人士或是不方便打电话的人们也可以轻松地叫外卖了。

在没有快递公司的90年代初期，韩国人主要通过邮局寄送包裹。随着电视购物的产生，快递文化也开始发展起来，一般需要2~3天的时间。在便利店也可以邮寄或收取包裹。由于网络购物越来越普及，快递文化也会进一步发展。
当你有要发送的急件或者重要文件时，可以使用摩托速递服务。在同一城市或地区的任何地方，一般2-3小时内都能成功送达。比普通快递贵。另外，赶时间的人也会选择乘坐速递摩托前往目的地。
大家有对韩国的配送文化感到惊讶的经历吗？是什么样的事情？

⑭ 请务必保管好品质保证书

大家在保管产品的品质保证书吗？
空调、风扇、冷风机、热水器、电热器等季节性产品的品质保证期限为两年。电视、冰箱、净水器、加湿器、洗衣机等其他电子产品的品质保证期限为一年。在品质保证期限内可以接受免费修理服务。在保证书上记录了购买日期，请和发票一起好好保管。
品质保证期限的计算方法是: 从购买日当日开始计算。 / 换货的产品从收到新品的当日开始计算
当你忘记购买日期的时候: 从生产日期开始加三个月，再加上保证期以后的时间为品质保证期限。
在这些情况下: 购买后十日以内需要修理时 / 购买后一个月以内需要修理时 / 在品质保证期限内需要修理时 / 更换后的产品一个月以内需要修理时
这些补偿: 更换新品或者以购买价格退货 / 更换新品或者免费修理 / 免费修理 / 以购买价格退货 / 但是，即使在品质保证期以内,是由于使用者的失误而产生故障的则无法享受免费修理。
在你们国家是如何保证产品的品质的?
请大家选择在下列情况下可以享受的补偿.

⑮ 向哪儿投诉呢?

大家在使用产品或者是享受服务的过程中，受到过损失吗？当时是怎么处理的?
[案例1] 在使用手机过程中，由于画面不清晰、按键不良已经修理过4次了，品质保证期限已经过了。而现在仍然偶尔自动关机，可以退货吗?
[案例2] 在健身中心办理了三个月的会员。不满意教练的教授方式。可以要求退还会员费吗?
可以用韩语进行商谈
☎ 电话商谈 无区号直播1372。 商谈时间为工作日09:00~18:00。 网络商谈
进入www.ccn.go.kr(1372消费者商谈中心) → 点击网络商谈申请 → 点击网络商谈申请 → 填写内容即可。
无法用韩语进行商谈：请给DANURI呼叫中心(1577-1366)打电话。除了韩语以外，用英语、汉语、越南语、日语、他加禄语，高棉语，乌兹别克语, 老挝语, 俄语, 泰语, 蒙古语, 尼泊尔语都可以进行商谈。会有专业商谈人员为您服务。
现在你们有想要商谈的事情吗？请告诉我们是什么事情。

⑯ 加入奉献同好会吧！

大家参与过奉献活动吗?
大家参与过奉献活动吗？由于2007年最严重的漏油事件，泰安半岛的滩涂成了任何生命都无法生存的死亡之地。据专家称想要恢复至少需要花费10年时间，但是才用了不到三年的时间，滩涂就重焕生机了。这是因为有来自全国各地自发集结的超过120万名的自愿奉献者的汗水。
在以前
以前韩国以农村为中心，有通过扶贫济弱、集体劳作、农忙互助等困难时互助的文化。不仅是农忙，冠婚丧祭的时候也是一样。社会进入工业化以后,这样的传统逐渐消失了, 但是如今的自愿奉献活动可以看做是它的延续。
而现在
韩国以88年奥运会为契机开始认识自愿奉献活动。不仅是个人，企业等各类团体也积极参与奉献。在免费供餐所、儿童保护机关、残疾人福利馆、老年人福利馆、疗养院等地方进行打扫卫生，帮助老年人外出活动，辅导儿童（学习、情绪），辅助烹调和分发餐食，医疗等奉献活动。
绿色妈妈会和移民女性奉献团
在小朋友上学、放学的路上，小学的绿色妈妈会正在进行保障交通安全的奉献活动。多文化家庭支援中心也把结婚移民女性组织成奉献团，正在进行理发、美发奉献，陪老人说话，各国传统舞蹈演出等定期奉献活动。
在你们国家，人们都参与哪些奉献活动呢?
大家参加过哪些奉献活动呢？有以后想参加的奉献活动吗?

일본어

① 韓国人は集まるのが好きです。

韓国の人々は、自分と共通点を持っている人と付き合う事が好きです。自分と血筋が同じ者同士でつながる縁を血縁、故郷が同じ人同士でつながる縁を地縁、出身学校が同じ人同士でつながる縁を学縁と呼んでいます。韓国の人々は、これらの縁を大切にしてし、会を作って親睦を深めます。
血縁(家族、親戚の集まり): 兄弟、いとこなどのような血

縁を持つ人同士の親族の共同体を作っています。嬉しい事や、悲しい事に、お祝いと慰めをしあい、お互いを助け頼ります。
地縁(故郷の集まり): 就職や学業のために遠く故郷を離れた人々は、同じ故郷の人同士で、「郷友会」という集まりを作ります。
学縁(学校の集まり): 同じ学校を卒業した者同士「同窓会」、「同門会」という集まりを作ります。職場内でも、同じ学校を卒業した者同士の集まりを作ることもあります。
韓国の人々は、このような集まりのほか、趣味の集まり、社会奉仕の集まり、宗教の集まりなど様々な集まりに参加しています。韓国人のみならず地域社会の一員として隣人のために奉仕する集会に参加している移民の人たちもますます増えています。

② こんな風に困難を克服しました。

誰でも生きていく中で、いくつかの困難を経験します。その中には、普通の人よりもはるかに大きな困難を経験する人がいます。新聞やニュースを見ると、成功した人々は例外なく大きな困難を経験しています。私たちは、困難を介して心と体が鍛えられます。困難を克服した人には新しい人生がやています。私たちは、この事実を覚えておいておきたいと思います。
４本指のピアニスト、イ·ヒア: 先天性1級障害で両手に指が2つだけあり、太ももの下には足がありません。7歳の時に初めてピアノを習い始め、一日13時間の絶え間ない努力の末に、ピアニストになりました。美しいピアノの演奏で多くの人々に希望と幸福を与えています。
スーパーマンドクターリー、イ·スンボク: 体操選手として活動していた中、18歳の時に訓練中の事故で首から下が、動かなくなりました。リハビリの過程で、医師になるという思いに至りました。継続した努力の結果、医師になりました。米国ジョンズホプキンス大学病院で患者に希望を与えています。

火傷の苦痛に勝って教授になった、イ·ジソン: 大学4年生の時、交通事故で全身55%が3度の火傷を負い、医師たちでさえ治療をあきらめた状態でした。しかし、11回の手術と痛みを伴う治療を勝ち抜いて博士号をとりました。事故で自分の人生が終わったわけではなく、むしろ、その時から、新しい人生が始まったと語っています。今韓国での生活の中で一番つらいことはなんですか。次のなかで自分に当たることを選んで○をつけてください。

③ 結婚式の招待状は作りましたか。

かつては婚姻をとりおこなう家に必要なものを送ったり、人手を助けてくれる助け合いの伝統があり、お互いの負担がありませんでした。しかし、最近は知り合いでもない人にも結婚式の招待状を送ることが多く、受けとった人が負担を感じるといいます。親しい人だけ招待をし、助け合いの精神の招待文化が必要です。
結婚式の招待状は: 結婚式の招待状も手紙と同様の形式で書きます。結婚式に招待する内容を盛り込んで、締めくくりの挨拶を書きます。そして結婚式をする日付、時間、場所を書いて略地図や行き方を書きます。最近は結婚式の招待状に口座番号を書く場合もあります。
また、紙の結婚式の招待状とモバイル結婚式の招待状も一緒に送ります。
お祝いの言葉は:韓国では、親戚はもちろん新郎新婦の友人や知人を招待します。招待された招待客は、ご祝儀を白封筒に入れて出します。袋には通常、「祝結婚」と書いて封筒にお金を入れます。ですが、より礼儀を重んじる場合には、封筒の中にお祝いの言葉と一緒に金額、日付、名前を書くことが好まれます。

④ どんな結婚式をしますか。

韓国の人々は、通常、多くの人々を招待して結婚式場で結婚式をしています。しかし、余裕がある人はホテルで、宗教を持つ人々は教会や大聖堂、寺院でもしたりします。また、最近では家族や親しい友人だけを招いて「小さな結婚式」をしたり、結婚式を司る役割を女性がするなど新しい風潮がでてきています。
伝統の結婚式: 伝統結婚式は式を司る役割の人はいません。新郎と新婦が婚礼の膳を向かい合いお辞儀をして、お酒を分けて飲み、一生一緒にすることを約束します。婚礼の膳には、ナツメ、栗、豆などの穀物、松、竹、めんどりとおんどりのペアなどが用意されています。これらは多産、長寿、健康などの意味があります
現代的な結婚式: 現代的な結婚式は結婚式を執りおこなう中心の役割をする司会がありますが、司会は通常、学生時代の恩師や、職場の上司が行います。しかし、宗教施設で結婚式をするときは、牧師や神父、修道士などの聖職者が主に司式をします。
司会(司式)はお祝いの言葉と共に、幸せな結婚生活をすることができるようにとお話しをします。最近では、そのような役割をなしに結婚式をする場合も増えています。

⑤ 私たち家族は「幸せちゃん」に会う日を待っています

子供ができますた！これからは何が起こるのでしょうか。何が出来るのでしょうか。
胎夢: 子供を妊娠したことを教えてくれる夢を「胎夢」と言います。お母さんが夢を見ることもありますが、お父さんやおばあちゃん、伯母、叔母のような近い家族が見る場合も多いです。胎夢には通常、動物、果物、野菜の夢が多いです。
胎名(胎児名): 赤ちゃんがお母さんのお腹の中にいる間に呼ぶ名前を「胎名(胎児名)」といいます。「胎名(胎児名)」は夫婦が一緒に自由につけれます。赤ちゃんの性別とは関係なしに「幸せちゃん、丈夫ちゃん、愛ちゃん」のように呼びやすく良い意味を持った名前をつけます。
胎教: お母さんがお腹の中にいる赤ちゃんに良い影響を上げるために努力する事を「胎教」と言います。良い言葉を使い良い行動をして、いつも楽な気持ちでいる事が重要です。良い音楽を聞いて、綺麗なものも沢山見る事が大切です。

⑥ 韓国ではこうやって暮らしたいです

皆さんは必ず叶えたいと思う夢がありますか。その夢はなんですか。「世界旅行? 通訳士?　故郷にいる家族を招待すること?」その夢を書き出してみたことはありますか。必ず叶えたい夢があるなら、頭の中だけに留めておくのではなく、一度書きだしてみてください。書く事で正確に自分と約束できます。
持っていたい物: 素敵な車を購入、綺麗な家を購入、韓韓国国籍の取得
行ってみたい所：海外旅行すること、故郷にいつも帰れること、済州島に旅行すること
習いたい事：韓国語学習、ギター·ピアノの習い事、料理を習う、通訳の勉強
果たしてみたい事：好きな芸能人に会う、良いお母さん、両親と旅行する / 韓国人のように韓国語を話す

⑦ ご両親と一緒に住んでいますか

韓国は低出産、高齢化現象と遅い結婚と離婚率の増加などの理由で、家族形態が急速に変化しています。また、伝統的な大家族から核家族と単独世帯に変化しながら、家族の人数も、だんだん減っています。
以前は：かつては拡大家族(3世代同居家族)が多数を占めていました。拡大家族は3世代が一緒に暮らす家族の事を示します。結婚した夫婦が子供と一緒に両親と共に住んでいたのです。男性は、主に外で仕事をし、女性は、主に家事をしました。おじいさんとおばあさんが家の中心となり、色々な決定をしていました。子供からおばあさん、おじいさんが一緒に住んでいたので、家族の温かい情を感じることができました。
今は：今は核家族と一人暮らしの単独世帯が多くなりました。核家族は夫婦、夫婦と子ども、あるいは母親（父親）と子供で構成された家族を言います。産業化、都市化の影響で就業と教育のために都市に移動していく中で、核家族が多くなりました。家族の形態も未婚の母の家族、ひとり親の家族、祖父母と孫の家族、未婚の世帯など、多様化されました。

⑧ 梱包引っ越しをしようと思います

韓国人は、春の3～4月、秋の9~10月に多くの引っ越しをします。ですので、この時期を引っ越しシーズンと呼んだりしています。引越しをする際には、一般的な引っ越しをするか、梱包引越しをするかを決めます。一般的な引っ越しは、引っ越し会社が荷物だけを運びます。梱包引っ越しは、文字通り引っ越し会社が荷物を梱包をして運んだ後に整理するところまですべてをしてくれます。
以前は：家族と友達、親戚が引っ越しを手伝いました。また引っ越しは生活の基盤を移す重要な日である為、引っ越しする日もとても重要に考えました。なので何をしても害がでない「損をしない日」を選んで引越しをしました。そして引っ越しをした後は、近所の人に蒸し餅を配りながら引っ越してきたことを伝えました。
最近は：忙しい日常と仕事、家事の人手不足、そして高層マンションがたくさんできる中で、包装引越しを多くするようになりました。特に、マンションに住んでいる人々は、70%以上が包装引っ越しをします。包装引っ越しは、料金が高いですが、便利であるために利用する人々が増えています。引っ越し会社を選ぶときは、保険に加入している認可済み業者であるかどうか、引越しをした後は、物が破損したり、傷がないことを必ず確認しなければなりません。
最近では、引越しをしても近所の人同士ので挨拶をしたり、お餅を配ることがだんだん減ってきています。「餅配り」は、人々の人情が込められているのみならず、近所の人とのコミュニケーションを始めるという意味があります。このような美しい伝統文化は久しく残っていても良い韓国特有の文化ではないでしょうか。

⑨ 子供が走って申し訳ありません

韓国人は75%がマンションのような集合住宅に住んでいます。ですので上下左右からの騒音にさらされる事が多

いのです。最近は、子供たちが走る音、家電製品（TV、掃除機、洗濯機など）の騒音、家具を引く音などの騒音のために多くの人がストレスを受け、隣近所の人同士が争うことが多くなっています。
気をつけたいこと。
- 子供達にしつけをして下さい。- 22時以降は子供を寝かしつけてください。
- 床にカーペットなどをひいて下さい。
- スリッパを履いて下さい。
- 騒音防止用のカバーを付けて下さい。- 夜遅くと早朝には、騒音が出る家電は使用を我慢してください。（洗濯機・掃除機などの家電製品は、9時～20時までの間に）

共同住宅は、多くの人が一緒に暮らしていく空間です。考えなしに行った行動が隣人には騒音となり不快感を与えることもあります。しかし、お互いに少しずつ隣人に配慮すれば、隣人騒音を減らすことができます。
※隣人の騒音問題センター（☎1661-2642）

⑩ 絶対に通帳を貸してはいけません

誰かが通帳を貸して欲しいと言ってきた事はありますか。個人の通帳は絶対に貸してはいけません。大砲通帳(虚偽通帳)は通帳を開設した人と実際に使用している人が違う異常な通帳を示します。大砲通帳はボイスフィッシング、インターネット詐欺などの犯罪に利用される場合が多いです。預金通帳やキャッシュ（デビット・チェック）カードなどを他の人に譲渡、貸与、販売する行為は、電子金融取引法違反になります。
[事例1]知っている人が税金問題のために、他の人の通帳が必要ですので、自分に売ってくれと言われて売った場合、他の人に通帳を与えたり対価をもらうことを約束しただけでも処罰（3年以下の懲役、2千万ウォン以下の罰金）を受けえます。通帳、キャッシュカード、デビットカードを絶対に、他の人に渡さないでください。
[事例2]就職を餌に給料を入金する通帳と口座パスワードを教えるようにと言われ教えた場合、被害者が損害賠償請求をすると、被害額を弁償する責任があります。身分証明書、通帳のコピー、印鑑証明書、通帳のパスワードなども絶対に渡さないでください。
使わない通帳は解約・整理し、使う通帳は安全に保管してください。
大砲通帳(虚偽通帳)の広告を見た場合の申告連絡先:
-金融監督院のホームページ（http://www.fss.or.kr）→民願・申告→不法金融申告センター→大砲通帳届出
-電話：局番なし1332（内線番号3）
出典：金融監督院（http://www.fss.or.kr）

 公課金(公共料金)の納付はどこでしますか

どんな公課金(公共料金)の納付をしていますか。公課金(公共料金)は、固定資産税、自動車税、電気料金、電話代、上下水道料金等をいいます。納付期限が経過すると延滞料を支払わなければならないので、必ず期限を守って下さい。最近では、銀行に直接行かなくても支払うことができる方法がいくつかあります。
請求書を持っていって、銀行の光熱費自動納付機で料金を支払う方法です。本人の通帳やカードが必要です。カードを利用すると、カード料金と一緒に支払いができます。
請求書を持って行ってコンビニで払う方法があります。
インターネットのホームページ(www.giro.or.kr)で、支払う方法です。いちいち銀行間で行かなくても支払て便利です。この場合、公認認証書が必要となります。
毎月通帳から自動的に引き落としする方法です。引き落としの日に通帳にお金が必要です。通帳にお金がない場合、延滞料を支払わなければなりません。
カード会社に引き落としを申請する方法です。カード料金と一緒に支払いができます。カード支払いの場合割引があったりします。また、積立金を積むことができます。

⑫ 使用説明書を必ず読んで下さい

キムチ冷蔵庫で火災が発生した話を聞いたことがありますか。なぜ火災が起きたのでしょうか。製品の使用説明書には利用する方法、重要な機能、注意事項などが詳細に説明されています。特に電化製品は、説明書通りに使用するとエネルギー節約になるだけでなく、安全に使用することができます。
電気を節約する方法です。皆さんがやってることを選んでみましょう。
電気を節約する方法では、使わない時はコンセントを抜く、洗濯はまとめてする、冷蔵室は60%だけ満たす、エアコンや浄水器のフィルターを掃除するなどがあります。
電気を節約できる自分だけの良い方法があったら、話してみてください。

⑬ インターネットで食事の配達を頼みますか

韓国人にとって配達文化は、日常的なものとなりました。スーパー、クリーニング屋さんが配達するのは、もちろんのこと、公園や漢江水辺にも食事の配達が来るのでカルチャーショックを受けたという外国人もいます。最近では、赤ちゃんの離乳食、朝食、果物、おやつなどの食品だけでなく、家を遊園地のように作ったり、トレーナーが運動器具を持ってきて指導を行うなど、ますます配達の種類も多様化しています。

普段多くの人は休日や週末など食事の準備が面倒な時、夜遅くお腹空いたときに配達で食べ物を頼みます。チキン、ピザ、豚足などおいしい食べ物を電話一本でいつでも食べることができます。配達料金をプラスされることもありません。

特に最近は、スマートフォンの「配達アプリ」を多く利用しています。電話を利用することが難しい聴覚障害者などの方が便利にに注文をすることができます。

90年代初めに宅配会社ができるまで韓国人は郵便局で小包を送っていました。ホームショッピングなどが始まり、宅配便の文化も発展しました。宅配便を送ると受けとるまで通常2～3日かかります。コンビニで宅配便を送ったり受けとったりすることもあります。インターネットで買い物をする場合がますます増えているので、こういった文化は、さらに発展するでしょう。

急なものや書類などを送る際はバイク便のクイックサービスを利用します。同じ都市や地域内では、どこでも普通は二、三時間以内に配達してくれます。宅配便よりも料金は高いです。また、急用がある人がバイク便のクイックサービスで移動をしたりしています。

韓国の配達文化に驚いた経験がありますか。どんな経験でしたか。

⑭ 品質保証書は必ず保管しておいてください

エアコン、扇風機、冷風機、ボイラー、ストーブなどの季節商品の品質保証期間は2年です。TV、冷蔵庫、浄水器、加湿器、洗濯機など、その他の電化製品の品質保証期間は1年です。品質保証期間内は無償で修理を受けることができます。保証書に購入した日付を記録しておき、領収書も保管してください。

品質保証期間の見かたは、購入した日付から数えます。返品交換したものは、返品交換した日付から数えます。購入した日付を忘れてしまった場合は、製造日から3ヶ月を足して、さらに保証期間を足した期間が品質保証期間です。

購入後10日以内に修理を要する場合、製品の返品交換または購入金額の 返金。

購入後1ヶ月以内に修理を要する場合、製品の返品交換または無償で修理。

品質保証期間内に修理を要する場合、無償で修理。

返品交換した製品1ヶ月以内に修理を要する場合、購入金額の返金。

しかし、品質保証期間内でも使用者の落ち度で故障した場合は無償で修理してもらう事は出来ません。

⑮ どこに申告しますか

皆さんは製品を使ったり、サービスを利用する中で被害をこうむった事がありますか。その時どのようにしましたか。

[事例1]　携帯電話を使っているが、画面の不良、ボタンの不良で4回程度の修理を受け、品質保証期間は過ぎました。今も、時々電源が切れるのですが払い戻しが可能ですか。

[事例2]　ジムに3ヶ月を登録しました。トレーナーの教え方が気に入りません。利用料を返してもらうことはできますか。

韓国語で相談が可能な場合、☎電話相談。局番なしの1372に電話してください。

相談時間は平日09：00～18：00です。

インターネット相談。www.ccn.go.kr（1372消費者相談センター）に接続 → インターネット相談申し込みクリック → インターネット相談申し込みクリック → 相談内容を作成してください。

韓国語で相談が難しい場合、タヌリ(다누리)

コールセンター(1577-1366)に電話してください。韓国語はもちろん、英語、中国語、ベトナム語、日本語、タガログ語、カンボジア、ウズベク語、ラオス語、ロシア語、タイ語、モンゴル語、ネパール語の相談が可能です。専門相談員の助けを得ることができます。

⑯ ボランティア同好会に加入してみてください

皆さんは福祉活動に参加した事がありますか。2007年最悪の重油流出事故で半島の干潟はどんな生命も生きることができない死の土地となりました。専門家は、回復するために少なくとも10年はかかるだろうと予想しました。しかし、3年も経たないうちに干潟は、息を吹き返し始めました。全国各地で自主的に集まった120万人を超えるボランティアの努力があったからでしょう。
昔は：韓国では、昔から農村を中心に울력、두레、助け合いの集まりなどを通じて困った時に助け合う文化がありました。農業はもちろん、冠婚葬祭の時も同じでした。産業化社会になると、このような伝統は消えましたが、現在は、ボランティアという名でその伝統がひきつがれています。
最近は：韓国では、1988年のオリンピックを契機にボランティア活動に対する認識がうまれました。個人だけでなく、企業などの団体で奉仕をしたりしています。無料給食所、児童保護機関、障害者福祉館、高齢者福祉館、老人ホームなどでの清掃、高齢者の外出介助、児童の指導（学習、情緒）、調理や配食補助、医療などのサービスをします。
녹색어머니회と移住女性の福祉団：小学校の녹색어머니회では、学校前の子供たちの登下校中の交通安全指導のボランティア活動をしています。多文化家族支援センターでも結婚移民者がボランティア団体を作り、理容・美容ボランティア、高齢者の話し相手、母国の伝統舞踊公演などのボランティアを定期的にしています。

단어장

단원	구분	위치	어휘	쪽
3-1	정한	어휘	눈	8
3-1	정한	어휘	코	8
3-1	정한	어휘	점	8
3-1	정한	어휘	쌍꺼풀	8
3-1	정한	어휘	보조개	8
3-1	정한	어휘	광대뼈	8
3-1	정한	어휘	마르다	8
3-1	정한	어휘	통통하다	8
3-1	정한	어휘	체격	8
3-1	정한	어휘	못생기다	9
3-1	정한	어휘	잘생기다	9
3-1	정한	어휘	실종	9
3-1	정한	어휘	일자	9
3-1	정한	어휘	인상착의	9
3-1	정한	어휘	재단	9
3-1	즐한	준비1	모으다	14
3-1	즐한	준비1	취직하다	14
3-1	즐한	준비1	이사	14
3-1	정한	문법1	의사소통(을) 하다	10
3-1	정한	문법1	제사	10
3-1	정한	문법1	기차표	10
3-1	정한	문법1	예매하다	10
3-1	즐한	준비2	생기다	15
3-1	즐한	준비2	둥글다	15
3-1	정한	문법2	기회	11
3-1	정한	문법2	재료	11
3-1	정한	문법2	매우	11
3-1	즐한	준비3	마을	16
3-1	즐한	준비3	시골	16
3-1	즐한	준비3	강변	16
3-1	정한	문법3	고등학교	12
3-1	정한	문법3	닭	12
3-1	즐한	과제	프로그래머	18
3-1	즐한	과제	활동적이다	18
3-1	즐한	과제	돌아다니다	18
3-1	즐한	과제	대신	19
3-1	즐한	과제	마중	19
3-1	즐한	과제	도착하다	19
3-1	즐한	과제	꽤	19
3-1	즐한	과제	블로그	19
3-1	즐한	과제	타임라인	19
3-1	즐한	과제	경력	19

단원	구분	위치	어휘	쪽
3-1	즐한	과제	학력	19
3-1	즐한	과제	현재	19
3-1	즐한	과제	졸업	19
3-1	즐한	과제	연애	19
3-1	즐한	과제	상태	19
3-1	즐한	과제	미혼	19
3-1	즐한	과제	꿈	19
3-1	즐한	과제	사장	19
3-1	즐한	과제	생년월일	19
3-1	즐한	과제	특기	19
3-1	정한	읽고 쓰기	푸르다	13
3-1	정한	읽고 쓰기	바닷가	13
3-1	정한	읽고 쓰기	고등학생	13
3-1	정한	읽고 쓰기	사실	13
3-1	정한	읽고 쓰기	취향	13
3-1	정한	읽고 쓰기	역삼각형	14
3-1	정한	읽고 쓰기	체형	14
3-1	정한	읽고 쓰기	외모	14
3-2	정한	어휘	원만하다	16
3-2	정한	어휘	적극적이다	16
3-2	정한	어휘	신중하다	16
3-2	정한	어휘	대범하다	16
3-2	정한	어휘	차갑다	16
3-2	정한	어휘	예의	16
3-2	정한	어휘	바르다	16
3-2	정한	어휘	다정하다	16
3-2	정한	어휘	성격	16
3-2	정한	어휘	무뚝뚝하다	16
3-2	정한	어휘	소심하다	16
3-2	정한	어휘	모나다	16
3-2	정한	어휘	소극적이다	16
3-2	정한	어휘	무례하다	16
3-2	정한	어휘	낯	16
3-2	정한	어휘	가리다	16
3-2	정한	어휘	사교성	16
3-2	정한	어휘	야경	17
3-2	정한	어휘	낫다	17
3-2	정한	어휘	나다	17
3-2	정한	어휘	달콤하다	17
3-2	정한	어휘	관심사	17
3-2	정한	어휘	깊다	17
3-2	정한	어휘	통하다	17

단원	구분	위치	어휘	쪽
3-2	정한	어휘	종종	17
3-2	정한	어휘	팥빙수	17
3-2	정한	어휘	얼음	17
3-2	정한	어휘	팥	17
3-2	정한	어휘	비슷하다	17
3-2	정한	어휘	언제나	17
3-2	정한	어휘	배려심	17
3-2	정한	어휘	자신	17
3-2	정한	어휘	상대	17
3-2	정한	어휘	입장	17
3-2	정한	어휘	눈물	17
3-2	즐한	준비1	같다	24
3-2	즐한	준비1	티셔츠	24
3-2	즐한	준비1	소파	24
3-2	정한	문법1	창밖	18
3-2	정한	문법1	냉장고	18
3-2	즐한	준비2	디저트	25
3-2	정한	문법2	광고	19
3-2	정한	문법2	익숙하다	19
3-2	정한	문법2	점	19
3-2	정한	문법2	상대방	19
3-2	정한	문법2	이해심	19
3-2	정한	문법2	믿음	19
3-2	정한	문법2	생기다	19
3-2	정한	문법2	젓다	19
3-2	정한	문법2	교통사고	19
3-2	정한	문법2	신랑	19
3-2	즐한	준비3	아까	26
3-2	즐한	준비3	오해하다	26
3-2	즐한	준비3	한류	26
3-2	즐한	준비3	스타	26
3-2	정한	문법3	내리다	20
3-2	정한	문법3	깜짝	20
3-2	정한	문법3	복습하다	20
3-2	정한	문법3	연습	20
3-2	정한	문법3	중요하다	20
3-2	즐한	과제	대화	28
3-2	즐한	과제	언어	28
3-2	즐한	과제	맛집	29
3-2	즐한	과제	수제비	29
3-2	즐한	과제	손녀	29
3-2	즐한	과제	대	29

단원	구분	위치	어휘	쪽
3-2	즐한	과제	잇다	29
3-2	즐한	과제	운영(을) 하다	29
3-2	정한	읽고 쓰기	디제이(DJ)	21
3-2	정한	읽고 쓰기	사연	21
3-2	정한	읽고 쓰기	첫	21
3-2	정한	읽고 쓰기	만남	21
3-2	정한	읽고 쓰기	소개	21
3-2	정한	읽고 쓰기	금방	21
3-2	정한	읽고 쓰기	헤어지다	21
3-2	정한	읽고 쓰기	한글	22
3-3	정한	어휘	출산	24
3-3	정한	어휘	졸업식	24
3-3	정한	어휘	청취하다	24
3-3	정한	어휘	검색하다	24
3-3	정한	어휘	시청하다	24
3-3	정한	어휘	얻다	24
3-3	정한	어휘	경기	24
3-3	정한	어휘	맥주	24
3-3	정한	어휘	신문	24
3-3	정한	어휘	틀다	25
3-3	정한	어휘	신혼여행	25
3-3	즐한	준비1	웬	34
3-3	즐한	준비1	일기 예보	34
3-3	즐한	준비1	옛날	34
3-3	즐한	준비1	모습	34
3-3	즐한	준비1	관광지	34
3-3	정한	문법1	고추장	26
3-3	정한	문법1	비비다	26
3-3	즐한	준비2	규칙	35
3-3	즐한	준비2	뜻	35
3-3	즐한	준비2	발표	35
3-3	즐한	준비2	체육 대회	35
3-3	정한	문법2	줄이다	27
3-3	즐한	준비3	벽	36
3-3	즐한	준비3	꽃병	36
3-3	즐한	준비3	사진기	36
3-3	즐한	준비3	게임하다	36
3-3	정한	문법3	치우다	28
3-3	정한	문법3	보관하다	28
3-3	정한	문법3	연락	28
3-3	정한	문법3	저축하다	29
3-3	정한	문법3	짐	29

단원	구분	위치	어휘	쪽
3-3	정한	문법3	사물함	29
3-3	정한	문법3	자료	29
3-3	즐한	과제	가전제품	38
3-3	즐한	과제	월급	38
3-3	즐한	과제	물가	38
3-3	즐한	과제	청첩장	38
3-3	즐한	과제	축하하다	38
3-3	즐한	과제	입원	38
3-3	즐한	과제	초대	38
3-3	즐한	과제	신혼집	38
3-3	즐한	과제	웨딩드레스	38
3-3	즐한	과제	예약	38
3-3	즐한	과제	비용	39
3-3	즐한	과제	전국	39
3-3	즐한	과제	기혼	39
3-3	즐한	과제	남녀	39
3-3	즐한	과제	대상	39
3-3	즐한	과제	설문 조사	39
3-3	즐한	과제	현실	39
3-3	즐한	과제	의미	39
3-3	즐한	과제	실용적이다	39
3-3	즐한	과제	최대한	39
3-3	즐한	과제	저렴하다	39
3-3	즐한	과제	들이다	39
3-3	즐한	과제	조사	39
3-3	즐한	과제	기혼자	39
3-3	즐한	과제	연예인	39
3-3	즐한	과제	선호하다	39
3-3	즐한	과제	분위기	39
3-3	즐한	과제	의식	39
3-3	즐한	과제	야외	39
3-3	즐한	과제	소규모	39
3-3	정한	읽고 쓰기	출산율	30
3-3	정한	읽고 쓰기	오이시디(OECD)	30
3-3	정한	읽고 쓰기	최하위	30
3-3	정한	읽고 쓰기	수준	30
3-3	정한	읽고 쓰기	단위	30
3-3	정한	읽고 쓰기	기준	30
3-3	정한	읽고 쓰기	주요국	30
3-3	정한	읽고 쓰기	합계 출산율	30
3-3	정한	읽고 쓰기	주요	30
3-3	정한	읽고 쓰기	중	30

단원	구분	위치	어휘	쪽
3-3	정한	읽고 쓰기	발표하다	30
3-3	정한	읽고 쓰기	첫째	30
3-3	정한	읽고 쓰기	사회 진출	30
3-3	정한	읽고 쓰기	활발하다	30
3-3	정한	읽고 쓰기	맞벌이	30
3-3	정한	읽고 쓰기	가정	30
3-3	정한	읽고 쓰기	늘다	30
3-3	정한	읽고 쓰기	직장	30
3-3	정한	읽고 쓰기	불임	30
3-3	정한	읽고 쓰기	또한	30
3-3	정한	읽고 쓰기	육아 휴직	30
3-3	정한	읽고 쓰기	보육 시설	30
3-3	정한	읽고 쓰기	들다	30
3-3	정한	읽고 쓰기	미래	30
3-3	정한	읽고 쓰기	희망	30
3-3	정한	읽고 쓰기	휴직	30
3-3	정한	읽고 쓰기	임금	30
3-3	정한	읽고 쓰기	상승	30
3-3	정한	읽고 쓰기	증가	30
3-3	정한	읽고 쓰기	유치원	30
3-3	정한	읽고 쓰기	부족	30
3-4	정한	어휘	상견례(를) 하다	32
3-4	정한	어휘	약혼하다	32
3-4	정한	어휘	집들이하다	32
3-4	정한	어휘	청혼하다	32
3-4	정한	어휘	연애하다	32
3-4	정한	어휘	약혼	33
3-4	정한	어휘	신부	33
3-4	정한	어휘	파혼	33
3-4	정한	어휘	사이	33
3-4	정한	어휘	분가하다	33
3-4	정한	어휘	예물	33
3-4	정한	어휘	주례	33
3-4	정한	어휘	폐백	33
3-4	정한	어휘	주고받다	33
3-4	정한	어휘	절하다	33
3-4	정한	어휘	진행하다	33
3-4	정한	어휘	축복	33
3-4	즐한	준비1	결심	44
3-4	정한	문법1	대청소	34
3-4	정한	문법1	광복절	34
3-4	정한	문법1	어린이날	34

단원	구분	위치	어휘	쪽
3-4	정한	문법1	킬로그램	34
3-4	즐한	준비2	연습(을) 하다	45
3-4	즐한	준비2	걱정	45
3-4	즐한	준비2	꾸준하다	45
3-4	즐한	준비2	빠지다	45
3-4	즐한	준비3	입맛	46
3-4	즐한	준비3	부끄럽다	46
3-4	정한	문법3	참석하다	36
3-4	정한	문법3	잊다	36
3-4	정한	문법3	합격하다	36
3-4	정한	문법3	질	36
3-4	정한	문법3	어떡하다	36
3-4	즐한	과제	상견례	47
3-4	즐한	과제	노력하다	47
3-4	즐한	과제	약혼식	48
3-4	즐한	과제	교회	48
3-4	즐한	과제	성당	48
3-4	즐한	과제	군	49
3-4	즐한	과제	양	49
3-4	즐한	과제	자라다	49
3-4	즐한	과제	어려움	49
3-4	즐한	과제	바라다	49
3-4	즐한	과제	국제결혼	49
3-4	정한	읽고 쓰기	시작하다	37
3-4	정한	읽고 쓰기	웨딩	37
3-4	정한	읽고 쓰기	촬영(을) 하다	37
3-4	정한	읽고 쓰기	턱시도	37
3-4	정한	읽고 쓰기	멋지다	37
3-5	정한	어휘	태몽	40
3-5	정한	어휘	임신	40
3-5	정한	어휘	입덧	40
3-5	정한	어휘	태교	40
3-5	정한	어휘	임산부	40
3-5	정한	어휘	산후조리	40
3-5	정한	어휘	태명	40
3-5	정한	어휘	산모	40
3-5	정한	어휘	전문적	40
3-5	정한	어휘	복숭아	40
3-5	정한	어휘	속	40
3-5	정한	어휘	통	40
3-5	정한	어휘	모빌	41
3-5	정한	어휘	보행기	41

단원	구분	위치	어휘	쪽
3-5	정한	어휘	배냇저고리	41
3-5	정한	어휘	유모차	41
3-5	정한	어휘	젖병	41
3-5	정한	어휘	손/발싸개	41
3-5	정한	어휘	기저귀	41
3-5	정한	어휘	분유	41
3-5	정한	어휘	아기 띠	41
3-5	정한	어휘	턱받이	41
3-5	정한	어휘	욕조	41
3-5	정한	어휘	딸랑이	41
3-5	즐한	준비1	땀	54
3-5	즐한	준비1	잃다	54
3-5	즐한	준비1	간식	54
3-5	정한	문법1	갈아입다	42
3-5	정한	문법1	호감	42
3-5	즐한	준비2	빈혈	55
3-5	즐한	준비2	순산	55
3-5	즐한	준비2	숙면	55
3-5	즐한	준비2	취하다	55
3-5	즐한	준비2	편식	55
3-5	즐한	준비2	충분하다	55
3-5	정한	문법2	인스턴트	43
3-5	정한	문법2	한국어능력시험 (TOPIK)	43
3-5	정한	문법2	합격	43
3-5	즐한	준비3	진찰	56
3-5	즐한	준비3	죽	56
3-5	즐한	준비3	소화	56
3-5	즐한	준비3	매실차	56
3-5	즐한	준비3	배지	56
3-5	즐한	준비3	달다	56
3-5	정한	문법3	소풍	44
3-5	정한	문법3	도시락	44
3-5	즐한	과제	용품	57
3-5	즐한	과제	함부로	57
3-5	즐한	과제	비만	58
3-5	즐한	과제	주의하다	58
3-5	즐한	과제	동네	58
3-5	즐한	과제	문의하다	58
3-5	즐한	과제	이불	58
3-5	즐한	과제	초기	58
3-5	즐한	과제	당분간	58

단원	구분	위치	어휘	쪽
3-5	즐한	과제	정기적	59
3-5	즐한	과제	수첩	59
3-5	즐한	과제	제공하다	59
3-5	즐한	과제	산전	59
3-5	즐한	과제	소변	59
3-5	즐한	과제	모유	59
3-5	즐한	과제	수유	59
3-5	즐한	과제	체조	59
3-5	즐한	과제	마사지	59
3-5	즐한	과제	비디오	59
3-5	즐한	과제	시디(CD)	59
3-5	즐한	과제	제공	59
3-5	즐한	과제	관련	59
3-5	정한	읽고 쓰기	체험하다	45
3-5	정한	읽고 쓰기	꾸다	45
3-5	정한	읽고 쓰기	가운데	45
3-5	정한	읽고 쓰기	주변	45
3-5	정한	읽고 쓰기	추측하다	45
3-5	정한	읽고 쓰기	예	45
3-5	정한	읽고 쓰기	들다	45
3-5	정한	읽고 쓰기	커다랗다	45
3-5	정한	읽고 쓰기	동물	45
3-5	정한	읽고 쓰기	존경하다	45
3-5	정한	읽고 쓰기	해	45
3-5	정한	읽고 쓰기	믿다	45
3-5	정한	읽고 쓰기	기대(를) 하다	45
3-5	정한	읽고 쓰기	실제	45
3-5	정한	읽고 쓰기	결정	45
3-5	정한	읽고 쓰기	계산	45
3-5	정한	읽고 쓰기	자녀	46
3-6	정한	어휘	삼일절	48
3-6	정한	어휘	식목일	48
3-6	정한	어휘	근로자의 날	48
3-6	정한	어휘	스승의 날	48
3-6	정한	어휘	현충일	48
3-6	정한	어휘	제헌절	48
3-6	정한	어휘	국군의 날	48
3-6	정한	어휘	개천절	48
3-6	정한	어휘	한글날	48
3-6	정한	어휘	차례	49
3-6	정한	어휘	지내다	49
3-6	정한	어휘	성묘	49

단원	구분	위치	어휘	쪽
3-6	정한	어휘	떡국	49
3-6	정한	어휘	송편	49
3-6	정한	어휘	세배	49
3-6	정한	어휘	세뱃돈	49
3-6	정한	어휘	제기차기	49
3-6	정한	어휘	널뛰기	49
3-6	정한	어휘	연	49
3-6	정한	어휘	날리다	49
3-6	즐한	준비1	촛불	64
3-6	즐한	준비1	벌다	64
3-6	정한	문법1	출퇴근	50
3-6	정한	문법1	입원(을) 하다	50
3-6	정한	문법1	강아지	50
3-6	정한	문법1	동생	50
3-6	정한	문법1	갖다	50
3-6	정한	문법1	용감하다	50
3-6	즐한	준비2	식다	65
3-6	즐한	준비2	그만	65
3-6	즐한	준비2	챙기다	65
3-6	정한	문법2	출발하다	51
3-6	정한	문법2	야근	51
3-6	즐한	준비3	급식	66
3-6	즐한	준비3	바뀌다	66
3-6	즐한	준비3	담임 선생님	66
3-6	즐한	준비3	차분하다	66
3-6	즐한	준비3	안전하다	66
3-6	정한	문법3	엄청	52
3-6	정한	문법3	연기	52
3-6	즐한	과제	좁다	68
3-6	즐한	과제	월세	68
3-6	즐한	과제	난방비	68
3-6	즐한	과제	들다	68
3-6	즐한	과제	집값	68
3-6	즐한	과제	너희	69
3-6	즐한	과제	아가씨	69
3-6	즐한	과제	소망	69
3-6	즐한	과제	새언니	69
3-6	즐한	과제	취득하다	69
3-6	즐한	과제	근하신년	69
3-6	즐한	과제	이루다	69
3-6	즐한	과제	연하장	69
3-6	즐한	과제	후회	69

단원	구분	위치	어휘	쪽
3-6	정한	읽고 쓰기	역	53
3-6	정한	읽고 쓰기	일출	53
3-6	정한	읽고 쓰기	연인	53
3-6	정한	읽고 쓰기	뜨다	53
3-6	정한	읽고 쓰기	바라보다	53
3-6	정한	읽고 쓰기	열리다	53
3-6	정한	읽고 쓰기	나뭇가지	53
3-6	정한	읽고 쓰기	첫날	53
3-7	정한	어휘	전세	56
3-7	정한	어휘	보증금	56
3-7	정한	어휘	기숙사	56
3-7	정한	어휘	원룸	56
3-7	정한	어휘	오피스텔	56
3-7	정한	어휘	빌라	56
3-7	정한	어휘	주택	56
3-7	정한	어휘	마당	56
3-7	정한	어휘	고층	56
3-7	정한	어휘	스마트폰	56
3-7	정한	어휘	앱	56
3-7	정한	어휘	교통비	56
3-7	정한	어휘	집주인	56
3-7	정한	어휘	전부	56
3-7	정한	어휘	신기하다	56
3-7	정한	어휘	학군	57
3-7	정한	어휘	전망	57
3-7	정한	어휘	남향	57
3-7	정한	어휘	주차	57
3-7	정한	문법1	참다	58
3-7	정한	문법1	배부르다	58
3-7	정한	문법1	안색	58
3-7	정한	문법1	애기	58
3-7	즐한	준비2	뛰다	75
3-7	정한	문법2	떨리다	59
3-7	정한	문법2	긴장되다	59
3-7	정한	문법2	속상하다	59
3-7	정한	문법2	유창하다	59
3-7	정한	문법2	육아	59
3-7	정한	문법2	줄다	59
3-7	정한	문법2	월급날	59
3-7	정한	문법2	보람	59
3-7	즐한	준비3	적당하다	76
3-7	정한	문법3	게다가	60

단원	구분	위치	어휘	쪽
3-7	정한	문법3	주인	60
3-7	정한	문법3	위치	60
3-7	즐한	과제	칸	77
3-7	즐한	과제	일단	77
3-7	즐한	과제	반전세	78
3-7	즐한	과제	완비	78
3-7	즐한	과제	부엌	78
3-7	즐한	과제	거리	78
3-7	즐한	과제	기숙사비	79
3-7	즐한	과제	침실	79
3-7	정한	읽고 쓰기	털	61
3-7	정한	읽고 쓰기	천	61
3-7	정한	읽고 쓰기	따르다	61
3-7	정한	읽고 쓰기	원형	61
3-7	정한	읽고 쓰기	화로	61
3-7	정한	읽고 쓰기	뼈	61
3-8	정한	어휘	타일	64
3-8	정한	어휘	변기	64
3-8	정한	어휘	세면대	64
3-8	정한	어휘	배수구	64
3-8	정한	어휘	샤워기	64
3-8	정한	어휘	싱크대	64
3-8	정한	어휘	수도꼭지	64
3-8	정한	어휘	개수대	64
3-8	정한	어휘	벽지	64
3-8	정한	어휘	전구	64
3-8	정한	어휘	닫히다	64
3-8	정한	어휘	새다	64
3-8	정한	어휘	찢어지다	64
3-8	정한	어휘	갈다	65
3-8	정한	어휘	고장(이) 나다	65
3-8	정한	어휘	에이에스(A/S)	65
3-8	정한	어휘	수리하다	65
3-8	정한	어휘	기사님	65
3-8	즐한	준비1	훔치다	84
3-8	즐한	준비1	범인	84
3-8	즐한	준비1	글씨	84
3-8	즐한	준비1	끊기다	84
3-8	즐한	준비1	물리다	84
3-8	즐한	준비1	쫓기다	84
3-8	즐한	준비1	치이다	84
3-8	즐한	준비1	잡히다	84

단원	구분	위치	어휘	쪽
3-8	즐한	준비1	찢기다	84
3-8	즐한	준비1	얼굴색	84
3-8	즐한	준비1	목줄	84
3-8	정한	문법1	물다	66
3-8	정한	문법1	깔다	66
3-8	정한	문법1	안다	66
3-8	정한	문법1	뺏다	66
3-8	정한	문법1	쫓다	66
3-8	정한	문법1	쌓다	66
3-8	정한	문법1	막다	66
3-8	정한	문법1	찢다	66
3-8	정한	문법1	경찰	66
3-8	정한	문법1	저절로	66
3-8	정한	문법1	휴대폰	66
3-8	정한	문법1	글자	66
3-8	정한	문법1	음주	66
3-8	정한	문법1	단속	66
3-8	즐한	준비2	달걀	85
3-8	즐한	준비2	쏟아지다	85
3-8	즐한	준비2	끊어지다	85
3-8	즐한	준비2	부러지다	85
3-8	정한	문법2	액정	67
3-8	정한	문법2	실수	67
3-8	정한	문법2	떨어뜨리다	67
3-8	정한	문법2	바닥	67
3-8	정한	문법2	국물	67
3-8	정한	문법2	부서지다	67
3-8	정한	문법2	프린터	67
3-8	정한	문법2	디자이너	67
3-8	정한	문법2	이루어지다	67
3-8	즐한	준비3	놓이다	86
3-8	즐한	준비3	꽂히다	86
3-8	즐한	준비3	깔리다	86
3-8	즐한	준비3	붙다	86
3-8	즐한	준비3	내려지다	86
3-8	정한	문법3	물병	68
3-8	정한	문법3	물컵	68
3-8	정한	문법3	서랍	68
3-8	정한	문법3	블라인드	68
3-8	즐한	과제	중개인	87
3-8	즐한	과제	수납장	87
3-8	즐한	과제	이미	87

단원	구분	위치	어휘	쪽
3-8	즐한	과제	그러니까	87
3-8	즐한	과제	아무	87
3-8	즐한	과제	상의하다	87
3-8	즐한	과제	계약	87
3-8	즐한	과제	손잡이	88
3-8	즐한	과제	커튼	88
3-8	즐한	과제	벽타일	88
3-8	즐한	과제	가스레인지	88
3-8	즐한	과제	전등	88
3-8	즐한	과제	스위치	88
3-8	즐한	과제	방충망	88
3-8	즐한	과제	거울	88
3-8	즐한	과제	세입자	89
3-8	즐한	과제	보일러	89
3-8	즐한	과제	위험하다	89
3-8	즐한	과제	온수	89
3-8	즐한	과제	조회수	89
3-8	즐한	과제	답변(을) 하다	89
3-8	즐한	과제	고객	89
3-8	즐한	과제	문의	89
3-8	즐한	과제	교체하다	89
3-8	즐한	과제	약하다	89
3-8	즐한	과제	아예	89
3-8	즐한	과제	씻기다	89
3-8	즐한	과제	불편	89
3-8	즐한	과제	부품	89
3-8	즐한	과제	아무래도	89
3-8	즐한	과제	홈페이지	89
3-8	즐한	과제	방문(을) 하다	89
3-8	즐한	과제	점검(을) 하다	89
3-8	즐한	과제	먼지	89
3-8	즐한	과제	쌓이다	89
3-8	정한	읽고 쓰기	숲속	69
3-8	정한	읽고 쓰기	걸어가다	69
3-8	정한	읽고 쓰기	나타나다	69
3-8	정한	읽고 쓰기	도망가다	69
3-8	정한	읽고 쓰기	흔들리다	69
3-8	정한	읽고 쓰기	접시	69
3-8	정한	읽고 쓰기	베개	70
3-9	정한	어휘	들리다	86
3-9	정한	어휘	어쩌다	86
3-9	정한	어휘	참석	86

단원	구분	위치	어휘	쪽
3-9	정한	어휘	양해	86
3-9	정한	어휘	청중	86
3-9	정한	어휘	세미나	86
3-9	정한	어휘	양손	86
3-9	정한	어휘	아랫집	87
3-9	정한	어휘	씨름	87
3-9	정한	어휘	사탕	87
3-9	정한	어휘	화상 회의	87
3-9	정한	어휘	소음	87
3-9	정한	어휘	평일	87
3-9	정한	어휘	쑥쑥	87
3-9	정한	어휘	지나가다	87
3-9	정한	어휘	전통적	87
3-9	정한	어휘	힘	87
3-9	정한	어휘	기술	87
3-9	정한	어휘	윗집	87
3-9	정한	어휘	덕분	87
3-9	정한	어휘	노랫소리	87
3-9	정한	어휘	울음	87
3-9	정한	어휘	뚝	87
3-9	정한	어휘	그치다	87
3-9	즐한	준비1	정신	94
3-9	즐한	준비1	시험공부	94
3-9	즐한	준비1	여기저기	94
3-9	즐한	준비1	늦잠	94
3-9	즐한	준비1	결석하다	94
3-9	즐한	준비1	초인종	94
3-9	정한	문법1	전화벨	88
3-9	정한	문법1	알람	88
3-9	정한	문법1	밤늦다	88
3-9	즐한	준비2	거의	95
3-9	즐한	준비2	세다	95
3-9	즐한	준비2	얌전하다	95
3-9	즐한	준비2	가만히	95
3-9	정한	문법2	자식	89
3-9	정한	문법2	성실하다	89
3-9	즐한	준비3	새로	96
3-9	즐한	준비3	강의	96
3-9	정한	문법3	드레스	90
3-9	즐한	과제	방음	98
3-9	즐한	과제	완벽하다	98
3-9	즐한	과제	끼치다	98

단원	구분	위치	어휘	쪽
3-9	즐한	과제	별거	99
3-9	즐한	과제	쿠키	99
3-9	즐한	과제	사과하다	99
3-9	정한	읽고 쓰기	일상생활	91
3-9	정한	읽고 쓰기	부탁	91
3-9	정한	읽고 쓰기	거절하다	91
3-9	정한	읽고 쓰기	사정	91
3-9	정한	읽고 쓰기	지나치다	91
3-10	정한	어휘	아끼다	94
3-10	정한	어휘	모자라다	94
3-10	정한	어휘	용돈	94
3-10	정한	어휘	벌써	94
3-10	정한	어휘	곤란하다	94
3-10	정한	어휘	해외여행	94
3-10	정한	어휘	밥값	94
3-10	정한	어휘	부담스럽다	94
3-10	정한	어휘	전세금	95
3-10	정한	어휘	적금	95
3-10	정한	어휘	큰돈	95
3-10	정한	어휘	병원비	95
3-10	정한	어휘	중개 수수료	95
3-10	정한	어휘	수리비	95
3-10	정한	어휘	학원비	95
3-10	정한	어휘	학비	95
3-10	정한	어휘	경비	95
3-10	정한	어휘	통신비	95
3-10	정한	어휘	계약(을) 하다	95
3-10	정한	어휘	중학생	95
3-10	즐한	준비1	식후	104
3-10	즐한	준비1	낡다	104
3-10	즐한	준비1	청약 통장	104
3-10	즐한	준비1	보험료	104
3-10	정한	문법1	홈 쇼핑	96
3-10	정한	문법1	나누다	96
3-10	정한	문법1	한가하다	96
3-10	정한	문법1	봉지	96
3-10	즐한	준비2	다녀오다	105
3-10	즐한	준비2	재활용	105
3-10	즐한	준비2	수학	105
3-10	즐한	준비2	노인	105
3-10	즐한	준비2	대학	105
3-10	즐한	준비3	입학하다	106

단원	구분	위치	어휘	쪽
3-10	즐한	준비3	명절	106
3-10	즐한	과제	마련하다	107
3-10	즐한	과제	보험	107
3-10	즐한	과제	가입(을) 하다	107
3-10	즐한	과제	떡	107
3-10	즐한	과제	환경	109
3-10	즐한	과제	기름값	109
3-10	즐한	과제	토끼	109
3-10	즐한	과제	남녀노소	109
3-10	즐한	과제	설치하다	109
3-10	즐한	과제	선택(을) 하다	109
3-10	즐한	과제	신청(을) 하다	109
3-10	즐한	과제	초과하다	109
3-10	즐한	과제	상관없다	109
3-10	정한	읽고 쓰기	허리띠	99
3-10	정한	읽고 쓰기	졸라매다	99
3-10	정한	읽고 쓰기	식비	99
3-10	정한	읽고 쓰기	최근	99
3-10	정한	읽고 쓰기	일석이조	99
3-10	정한	읽고 쓰기	장점	99
3-10	정한	읽고 쓰기	깎이다	99
3-10	정한	읽고 쓰기	백지장	99
3-10	정한	읽고 쓰기	맞들다	99
3-10	정한	읽고 쓰기	작성자	100
3-10	정한	읽고 쓰기	발짝	100
3-10	정한	읽고 쓰기	종일	100
3-11	정한	어휘	외식비	102
3-11	정한	어휘	교육비	102
3-11	정한	어휘	경조사비	102
3-11	정한	어휘	중고품	102
3-11	정한	어휘	할인	102
3-11	정한	어휘	우유 팩	102
3-11	정한	어휘	쿠폰	102
3-11	정한	어휘	회비	103
3-11	정한	어휘	전기	103
3-11	정한	어휘	고지서	103
3-11	정한	어휘	지난달	103
3-11	정한	어휘	한꺼번에	103
3-11	정한	어휘	겹치다	103
3-11	정한	어휘	절약하다	103
3-11	정한	어휘	목돈	103
3-11	정한	어휘	생활(을) 하다	103

단원	구분	위치	어휘	쪽
3-11	즐한	준비1	문장	114
3-11	즐한	준비1	실력	114
3-11	즐한	준비1	주사	114
3-11	즐한	준비1	세금	114
3-11	즐한	준비1	환급	114
3-11	즐한	준비1	신용 카드	114
3-11	즐한	준비1	체크 카드	114
3-11	즐한	준비1	비교(를) 하다	114
3-11	정한	문법1	신다	104
3-11	정한	문법1	과식하다	104
3-11	정한	문법1	발음	104
3-11	즐한	준비2	푼돈	115
3-11	즐한	준비2	소득 공제	115
3-11	정한	문법2	당장	105
3-11	정한	문법2	배즙	105
3-11	정한	문법2	파인애플	105
3-11	정한	문법2	키위	105
3-11	정한	문법2	일정	105
3-11	정한	문법2	온도	105
3-11	정한	문법2	식초	105
3-11	정한	문법2	체하다	105
3-11	정한	문법2	플라스틱	105
3-11	즐한	준비3	놓치다	116
3-11	정한	문법3	새우다	106
3-11	정한	문법3	운전기사	106
3-11	즐한	과제	경조사	117
3-11	즐한	과제	모이다	117
3-11	즐한	과제	대형 마트	117
3-11	즐한	과제	전자 제품	117
3-11	즐한	과제	반값	117
3-11	즐한	과제	비교	117
3-11	즐한	과제	무조건	118
3-11	즐한	과제	전원	118
3-11	즐한	과제	횟수	118
3-11	즐한	과제	자동	119
3-11	즐한	과제	납부기	119
3-11	즐한	과제	통과하다	119
3-11	즐한	과제	비밀번호	119
3-11	즐한	과제	명세표	119
3-11	정한	읽고 쓰기	절약	107
3-11	정한	읽고 쓰기	구입비	107
3-11	정한	읽고 쓰기	권	107

단원	구분	위치	어휘	쪽
3-11	정한	읽고 쓰기	주민 센터	107
3-11	정한	읽고 쓰기	헬스	107
3-11	정한	읽고 쓰기	헬스장	107
3-11	정한	읽고 쓰기	등록비	107
3-11	정한	읽고 쓰기	새것	107
3-12	정한	어휘	김치냉장고	110
3-12	정한	어휘	공기 청정기	110
3-12	정한	어휘	전기난로	110
3-12	정한	어휘	난방기	110
3-12	정한	어휘	전기밥솥	110
3-12	정한	어휘	충전(을) 하다	111
3-12	정한	어휘	사용 설명서	111
3-12	정한	어휘	충전기	111
3-12	정한	어휘	콘센트	111
3-12	정한	어휘	플러그	111
3-12	정한	어휘	취사	111
3-12	정한	어휘	에너지	111
3-12	즐한	준비1	화질	124
3-12	즐한	준비1	훨씬	124
3-12	즐한	준비1	야구장	124
3-12	즐한	준비1	피다	124
3-12	즐한	준비2	기능	125
3-12	즐한	준비2	절전	125
3-12	정한	문법2	무역	113
3-12	즐한	준비3	케이스	126
3-12	즐한	준비3	증정	126
3-12	즐한	준비3	폴더폰	126
3-12	즐한	준비3	공짜	126
3-12	즐한	준비3	엘티이폰(LTE폰)	126
3-12	즐한	준비3	최신	126
3-12	즐한	준비3	무제한	126
3-12	정한	문법3	와이파이	126
3-12	즐한	과제	신혼부부	114
3-12	즐한	과제	보온(을) 하다	127
3-12	즐한	과제	간단하다	127
3-12	즐한	과제	그래픽	128
3-12	즐한	과제	용량	128
3-12	즐한	과제	말	128
3-12	즐한	과제	동영상	128
3-12	즐한	과제	촬영	128
3-12	즐한	과제	무선	128
3-12	즐한	과제	충전	128

단원	구분	위치	어휘	쪽
3-12	즐한	과제	방수	128
3-12	즐한	과제	취침	128
3-12	즐한	과제	제습	128
3-12	즐한	과제	필터	128
3-12	즐한	과제	특별	129
3-12	즐한	과제	우선	129
3-12	즐한	과제	특별히	129
3-12	즐한	과제	급속	129
3-12	즐한	과제	세탁	129
3-12	즐한	과제	디지털카메라	129
3-12	즐한	과제	이어폰	129
3-12	즐한	과제	녹음	129
3-12	정한	읽고 쓰기	판매(를) 하다	115
3-12	정한	읽고 쓰기	구입하다	115
3-12	정한	읽고 쓰기	조심히	115
3-12	정한	읽고 쓰기	빨래	115
3-12	정한	읽고 쓰기	직거래	115
3-13	정한	어휘	앉히다	118
3-13	정한	어휘	태우다	118
3-13	정한	어휘	먹이다	118
3-13	정한	어휘	눕히다	118
3-13	정한	어휘	재우다	118
3-13	정한	어휘	닦이다	118
3-13	정한	어휘	채우다	118
3-13	정한	어휘	입히다	118
3-13	정한	어휘	신기다	118
3-13	정한	어휘	씌우다	118
3-13	정한	어휘	데우다	119
3-13	정한	어휘	녹이다	119
3-13	정한	어휘	식히다	119
3-13	정한	어휘	얼리다	119
3-13	정한	어휘	냉동실	119
3-13	정한	어휘	믹서	119
3-13	정한	어휘	냄비	119
3-13	정한	어휘	냉동	119
3-13	정한	어휘	용기	119
3-13	즐한	준비1	자판기	134
3-13	즐한	준비1	부대찌개	134
3-13	정한	문법1	그만두다	120
3-13	정한	문법1	가구점	120
3-13	즐한	준비2	울리다	135
3-13	즐한	준비2	살리다	135

단원	구분	위치	어휘	쪽
3-13	즐한	준비2	웃기다	135
3-13	즐한	준비2	남기다	135
3-13	즐한	준비2	비우다	135
3-13	즐한	준비2	늦추다	135
3-13	정한	문법2	녹다	121
3-13	정한	문법2	죽다	121
3-13	정한	문법2	끓다	121
3-13	정한	문법2	숨다	121
3-13	정한	문법2	벗다	121
3-13	정한	문법2	비다	121
3-13	정한	문법2	깨다	121
3-13	정한	문법2	아깝다	121
3-13	정한	문법2	카 시트	121
3-13	정한	문법2	애들	121
3-13	정한	문법2	가스	121
3-13	정한	문법2	불	121
3-13	즐한	준비3	장마	136
3-13	즐한	준비3	마감	136
3-13	즐한	준비3	대기자	136
3-13	즐한	준비3	명단	136
3-13	정한	문법3	매진되다	122
3-13	정한	문법3	영화표	122
3-13	정한	문법3	방금	122
3-13	즐한	과제	애	138
3-13	즐한	과제	토하다	139
3-13	즐한	과제	설사	139
3-13	즐한	과제	처방하다	139
3-13	즐한	과제	안과	139
3-13	즐한	과제	소아과	139
3-13	즐한	과제	산부인과	139
3-13	즐한	과제	겉옷	139
3-13	정한	읽고 쓰기	칼국수	123
3-13	정한	읽고 쓰기	후식	123
3-13	정한	읽고 쓰기	변하다	123
3-13	정한	읽고 쓰기	당황하다	123
3-13	정한	읽고 쓰기	달려가다	123
3-13	정한	읽고 쓰기	알레르기	123
3-14	정한	어휘	접수증	126
3-14	정한	어휘	제품명	126
3-14	정한	어휘	기사	126
3-14	정한	어휘	땅	126
3-14	정한	어휘	단추	127

단원	구분	위치	어휘	쪽
3-14	정한	어휘	늘리다	127
3-14	정한	어휘	꿰매다	127
3-14	정한	어휘	통	127
3-14	정한	어휘	리폼하다	127
3-14	정한	어휘	수선하다	127
3-14	즐한	준비1	맘	144
3-14	정한	문법1	빨다	128
3-14	정한	문법2	팔리다	129
3-14	정한	문법3	수선비	130
3-14	즐한	과제	배터리	147
3-14	즐한	과제	닳다	147
3-14	즐한	과제	구입하다	147
3-14	즐한	과제	전체	147
3-14	즐한	과제	똑같이	147
3-14	즐한	과제	교체	147
3-14	즐한	과제	모터	148
3-14	즐한	과제	정수기	148
3-14	즐한	과제	드라이기	148
3-14	즐한	과제	선	148
3-14	즐한	과제	살펴보다	148
3-14	즐한	과제	무릎	149
3-14	즐한	과제	재킷	149
3-14	즐한	과제	지퍼	149
3-14	즐한	과제	리폼	149
3-14	정한	읽고 쓰기	모델명	131
3-14	정한	읽고 쓰기	압력	131
3-14	정한	읽고 쓰기	답장	131
3-15	정한	어휘	층간 소음	134
3-15	정한	어휘	관리 사무소	134
3-15	정한	어휘	반말	134
3-15	정한	어휘	가로등	134
3-15	정한	어휘	수영장	134
3-15	정한	어휘	긁다	134
3-15	정한	어휘	주차 관리실	134
3-15	정한	어휘	(한국)소비자보호원	134
3-15	정한	어휘	고객 센터	134
3-15	정한	어휘	신고(를) 하다	134
3-15	정한	어휘	골목	135
3-15	정한	어휘	불법	135
3-15	정한	어휘	주차하다	135
3-15	정한	어휘	지나다니다	135
3-15	정한	어휘	처리	135

단원	구분	위치	어휘	쪽
3-15	정한	어휘	다산콜센터	135
3-15	정한	어휘	시민	135
3-15	정한	어휘	구청	135
3-15	정한	어휘	해결하다	135
3-15	즐한	준비1	불만	154
3-15	즐한	준비1	민원	154
3-15	정한	문법1	신고서	136
3-15	정한	문법1	차례	136
3-15	정한	문법2	호주	137
3-15	정한	문법2	반팔	137
3-15	정한	문법2	국내	137
3-15	즐한	준비3	사이좋다	156
3-15	즐한	준비3	양보하다	156
3-15	정한	문법3	따다	138
3-15	즐한	과제	항의(를) 하다	157
3-15	즐한	과제	얘기하다	157
3-15	즐한	과제	답답하다	157
3-15	즐한	과제	메모	157
3-15	즐한	과제	올라오다	158
3-15	즐한	과제	개똥	158
3-15	즐한	과제	짖다	158
3-15	즐한	과제	경비실	158
3-15	즐한	과제	강습료	159
3-15	즐한	과제	옆집	159
3-15	정한	읽고 쓰기	사례	139
3-15	정한	읽고 쓰기	모음	139
3-15	정한	읽고 쓰기	소통	139
3-15	정한	읽고 쓰기	광장	139
3-15	정한	읽고 쓰기	첨부	139
3-15	정한	읽고 쓰기	파일	139
3-15	정한	읽고 쓰기	관리인	139
3-15	정한	읽고 쓰기	풀다	139
3-15	정한	읽고 쓰기	걱정(이) 되다	139
3-15	정한	읽고 쓰기	발생하다	139
3-15	정한	읽고 쓰기	단속하다	139
3-15	정한	읽고 쓰기	답변	139
3-15	정한	읽고 쓰기	담당 부서	139
3-15	정한	읽고 쓰기	운영	139
3-15	정한	읽고 쓰기	애정	139
3-16	정한	어휘	풍경	142
3-16	정한	어휘	타향	142
3-16	정한	어휘	타국	142

단원	구분	위치	어휘	쪽
3-16	정한	어휘	시차	142
3-16	정한	어휘	어젯밤	142
3-16	정한	어휘	고향집	142
3-16	정한	어휘	고생	142
3-16	정한	어휘	시달리다	142
3-16	정한	어휘	적응하다	142
3-16	정한	어휘	낯설다	142
3-16	정한	어휘	낯익다	142
3-16	정한	어휘	귀국하다	142
3-16	정한	어휘	설레다	142
3-16	정한	어휘	향수병	142
3-16	정한	어휘	만족(을) 하다	142
3-16	정한	어휘	고기잡이	143
3-16	정한	어휘	갯벌	143
3-16	정한	어휘	염전	143
3-16	정한	어휘	양식장	143
3-16	정한	어휘	조개	143
3-16	정한	어휘	캐다	143
3-16	정한	어휘	양식하다	143
3-16	정한	어휘	논	143
3-16	정한	어휘	밭	143
3-16	정한	어휘	과수원	143
3-16	정한	어휘	비닐하우스	143
3-16	정한	어휘	축사	143
3-16	정한	어휘	재배하다	143
3-16	정한	어휘	농사	143
3-16	정한	어휘	소	143
3-16	정한	어휘	돼지	143
3-16	정한	어휘	고층 빌딩	143
3-16	정한	어휘	매연	143
3-16	정한	어휘	인파	143
3-16	정한	어휘	즐비하다	143
3-16	정한	어휘	가득하다	143
3-16	정한	어휘	교통 체증	143
3-16	정한	어휘	분주하다	143
3-16	정한	어휘	움직이다	143
3-16	정한	어휘	붐비다	143
3-16	즐한	준비1	밤잠	164
3-16	즐한	준비1	어지럽히다	164
3-16	즐한	준비1	집안	164
3-16	즐한	준비1	말리다	164
3-16	즐한	준비1	잔소리	164

단원	구분	위치	어휘	쪽
3-16	정한	문법1	지루하다	144
3-16	정한	문법1	분식점	144
3-16	정한	문법1	양	144
3-16	정한	문법1	어찌나	144
3-16	정한	문법1	개봉하다	144
3-16	즐한	준비2	장학금	165
3-16	즐한	준비2	졸리다	165
3-16	정한	문법2	슈퍼마켓	145
3-16	정한	문법2	대답(을) 하다	145
3-16	정한	문법2	장사	145
3-16	즐한	준비3	강가	166
3-16	즐한	준비3	유학하다	166
3-16	정한	문법3	영상 통화	146
3-16	정한	문법3	한결	146
3-16	즐한	과제	식욕	167
3-16	즐한	과제	형제	167
3-16	즐한	과제	고향 말	167
3-16	즐한	과제	수다	167
3-16	즐한	과제	떨다	167
3-16	즐한	과제	지겹다	168
3-16	즐한	과제	양념	168
3-16	즐한	과제	표정	169
3-16	즐한	과제	수프	169
3-16	정한	읽고 쓰기	어촌	147
3-16	정한	읽고 쓰기	어부	147
3-16	정한	읽고 쓰기	낚시	147
3-16	정한	읽고 쓰기	물고기	147
3-16	정한	읽고 쓰기	손질하다	147
3-16	정한	읽고 쓰기	뛰어놀다	147

담당 연구원

정혜선 국립국어원 학예연구사
박지수 국립국어원 연구원

집필진

내용 집필

이선웅 경희대 한국어학과 교수
이 향 한국조지메이슨대 현대및고전언어과 조교수
정미지 서울시립대 국제교육원 한국어학당 책임강사
현윤호 경희대 문화예술법연구센터 연구팀장
김유미 경희대 언어교육원 교수
박수연 조선대 언어교육원 교육부장
이영희 숙명여대 한국어문학부 초빙대우교수
이윤진 안양대 교육대학원 외국어로서의 한국어교육 전공 조교수
이정화 서울대 언어교육원 한국어교육센터 대우조교수

내용 검토

박미정 건양사이버대 다문화한국어학과 조교수
김정남 경희대 한국어학과 교수
김현주 용인시 다문화가족지원센터 한국어 강사
박동호 경희대 한국어학과 교수
박시균 군산대 국어국문학과 교수
양명희 중앙대 국어국문학과 교수
오경숙 서강대 전인교육원 조교수
홍윤기 경희대 국제교육원 교수

연구 보조원

박서향 경희대 언어교육원 한국어교육부 주임강사
성아영 전 경희대 언어교육원 한국어 강사
이 경 전 경희대 언어교육원 한국어 강사
이채원 순천향대 한국어교육원 강사
김경은 전 경희대 언어교육원 한국어 강사
김보현 중앙대 언어교육원 한국어 강사
박경희 평택대 국제처 한국어교육센터 강사
박기표 전 베트남 한국문화원 세종학당 파견교원
박정아 경희대 교육실습센터 한국어 강사
박혜연 아주대 국제교육센터 한국어 강사
윤권하 전 경희대 언어교육원 한국어 강사
윤희수 평택대 국제처 한국어교육센터 강사
이정선 경희대 국제한국언어문화학과 석사과정 수료
조연아 경희대 국제한국언어문화학과 석사과정 수료
최은하 군산대 국제교류교육원 언어교육센터 한국어 강사
탁진영 경희대 국제교육원 한국어 강사
황지영 한신대 국제교류원 한국어 강사

즐거운 한국어 중급 1

1판 1쇄 2019년 2월 13일
1판 5쇄 2023년 10월 31일

기획·개발 국립국어원
펴낸이 박영호
기획팀 송인성, 김선명, 김선호
편집팀 박우진, 김영주, 김정아, 최미라, 전혜련, 박미나
관리팀 임선희, 정철호, 김성언, 권주련
펴낸곳 (주)도서출판 하우

주소 서울시 중랑구 망우로68길 48
전화 (02)922-7090
팩스 (02)922-7092
홈페이지 http://www.hawoo.co.kr
e-mail hawoo@hawoo.co.kr
등록번호 제2016-000017호

값 10,000원
ISBN 979-11-88568-54-3 14710
ISBN 979-11-88568-51-2 14710 (set)